媒介经营与管理案例集

王德胜　刘佳　吴迪　编

山东大学出版社
·济南·

图书在版编目(CIP)数据

媒介经营与管理案例集/王德胜　刘佳　吴迪编.—济南：山东大学出版社，2020.12（2024.12月重印）

ISBN 978-7-5607-6817-5

Ⅰ.①媒…　Ⅱ.①王…②刘…③吴…　Ⅲ.①传播媒介－运营管理－案例－汇编　Ⅳ.①G206.2

中国版本图书馆 CIP 数据核字(2021)第 056184 号

策划编辑　滕希功
责任编辑　刘森文　张铭芳
封面设计　牛　钧

出版发行　山东大学出版社
社　　址　山东省济南市山大南路 20 号
邮政编码　250100
发行热线　(0531)88363008
经　　销　新华书店
印　　刷　山东和平商务有限公司
规　　格　720 毫米×1000 毫米　1/16
　　　　　9.75 印张　180 千字
版　　次　2020 年 12 月第 1 版
印　　次　2024 年 12 月第 4 次印刷
定　　价　38.00 元

目 录

第一章　媒介经营管理环境分析

《孙子·谋攻》中有言："知胜有五：知可以战与不可以战者胜；识众寡之用者胜；上下同欲者胜；以虞待不虞者胜；将能而君不御者胜。"讲的是和则上下同欲；上下同欲者，则能同心同德。不同欲，不同心，则矛盾冲突不断。因此，媒介经营与管理首先就要做到与环境保持和谐关系。这里所说的环境不仅仅是自然环境，更包含媒介内部的工作环境、文化环境、生活环境、组织环境等，还包括外部的政治环境、法律环境、技术环境、人文环境、经济环境等。环境在不同的历史时期显示出不同的特点，如何认知、把握、适应国内外环境的变迁和对我国媒介的影响，是媒介经营者必须深入思考的问题。

第一节　基本理论概述

媒介经营管理是媒介根据媒介市场的总体情况确定自身发展的战略目标，并通过媒介资源的合理配置和使用，以确保其战略目标得以实现的过程。简言之，是充分利用最少的资源投入获得最大的社会效益和经济效益的活动过程。

一、媒介经营管理的环境构成

媒介的发展是一个系统工程，媒介的生存发展环境是进行媒介经营的前提条件。媒介环境是指决定或影响媒介经营管理活动的发生、进行及其成效的外部环境和内部条件的总和。决定或者影响媒介生存与发展的环境包括外部环境和内部环境。

(一)外部环境

外部环境是指存在于媒介组织周围，影响媒介发展的各种客观因素与力量的总和。一般来说,外部环境包括宏观环境和产业环境两个方面。

1.宏观环境

一般认为,媒介的宏观环境因素有四类,即政治法律环境、经济环境、社会文化与自然环境以及技术环境。

政治法律环境,是指那些制约和影响媒介的政治要素和法律系统,以及其运行状态。政治环境包括国家的政治制度、权力机构、颁布的方针政策、政治团体和政治形势等因素。法律环境包括国家制定的法律、法规、法令以及国家的执法机构等因素。政治和法律因素是保障媒介生产经营活动的基本条件。

经济环境,是指构成媒介生存和发展的社会经济状况及国家的经济政策,包括社会经济结构、经济体制、发展状况、宏观经济政策等要素。通常衡量经济环境的指标有国内生产总值、就业水平、物价水平、消费支出分配规模、国际收支状况,以及利率、通货供应量、政府支出、汇率等国家货币和财政政策等。经济环境对媒介生产经营的影响更为直接具体。

社会文化环境,是指媒介所处的社会结构、社会风俗和习惯、信仰和价值观念、行为规范、生活方式、文化传统、人口规模与地理分布等因素的形成和变动。自然环境,是指媒介所处的自然资源与生态环境,包括土地、森林、河流等方面的发展变化。这些因素关系到媒介确定投资方向、产品改进与革新等重大经营决策问题。

技术环境,是指媒介所处环境中的科技要素及与该要素直接相关的各种社会现象的集合,包括国家科技体制、科技政策、科技水平和科技发展趋势等。技术环境影响到媒介能否及时调整战略决策,以获得新的竞争优势。

2.产业环境

产品生命周期、产业五种竞争力、产业内的战略群体、成功关键因素等分析方法是产业环境分析的重要内容。市场需求与竞争的经济学分析能够深化对产业环境的理解与认识。

(1)产业的生命周期。分析产业发展状况的常用方法是认识产业所处的生命周期的不同阶段。产业的生命周期阶段可以分为开发期、成长期、成熟期和衰退期四个阶段。只有了解产业目前所处的生命周期阶段,才能决定媒介在某一产业中应采取进入、维持或撤退策略,才能进行正确的、新的投资决策,才能对媒介在多个产业领域的业务进行合理组合,提高整体盈利水平。

(2)产业结构。迈克尔·波特(Michael Porter)教授从产业组织理论角度提出了产业结构分析的基本框架——五力模型,即五种竞争力分析,从潜在进入者、替代品、购买者、供应者与现有竞争者之间的抗衡来分析产业竞争的强度。潜在进入者的威胁在于减少了市场集中，激发了现有媒介间的竞争，并且瓜分了原有的市场份额。替代品作为新技术与社会新需求的产物，对现有产业形成严重的“替代威胁”，几种替代品长期共存的情况很常见。购买者、供应者讨价还价的能力取决于各自的实力，比如卖（买）方的集中程度、产品差异化程度与资产专用性程度、纵向一体化程度以及信息掌握程度等。产业内现有媒介的竞争，即产业内的媒介为市场占有率而进行的竞争，通常表现为价格竞争、广告竞争、新产品引进以及改进服务等方式。

(3)市场结构与竞争。经济学中将市场结构分为四类：完全竞争、垄断竞争、寡头垄断和完全垄断。严格意义的完全竞争市场在现实生活中并不存在，但其激烈的竞争使价格趋向边际成本，这在消费品市场中屡见不鲜。在垄断竞争市场中，产品的差异性为媒介建立了固定客户，并且允许媒介让这些固定客户享有价格超过边际成本的一些市场权利。寡头垄断市场中，媒介的决策要依赖于其他媒介的选择，决策主体的行为发生直接相互作用条件下的决策均衡问题日益受到广泛重视。完全垄断市场上，垄断厂商控制操纵价格和产量的行为因损害了消费者的利益受到了反垄断政策的制约，但媒介通过创新来取得垄断地位和实现高额利润的努力也存在一定的合理性，从长期来看，限制垄断对消费者是不利的，因为它限制了竞争。

(4)市场需求状况。可以从市场需求的决定因素和需求价格弹性两个角度分析市场需求。人口、购买力和购买欲望决定着市场需求的规模，其中生产媒介可以把握的因素是消费者的购买欲望，而产品价格、差异化程度、促销手段、消费者偏好等影响着购买欲望。影响产品需求价格弹性的主要因素有产品的可替代程度、产品对消费者的重要程度、购买者在该产品上支出占总支出中的比例、购买者转换到替代品的转换成本、购买者对商品的认知程度以及对产品互补品的使用状况等。

(5)产业内的战略群体。确定产业内所有主要竞争对手战略诸方面的特征是产业分析的一个重要方面。一个战略群体是指某一个产业中在某一战略方面采用相同或相似战略的各媒介组成的集团。战略群体分析有助于媒介了解自己的相对战略地位和媒介战略变化可能产生的竞争性影响，使媒介更好地了解战略群体间的竞争状况、发现竞争者，了解各战略群体之间的“移动障碍”，了解战略群体内媒介竞争的主要着眼点，预测市场变化和发现战略机会等。[①]

① 参见廖建军：《中国出版产业竞争力评价问题研究》，湖南师范大学出版社 2006 年版，第 175 页。

(二)内部环境

内部环境也称为“微观环境”,是指媒介内部的物质、文化环境的总和,包括媒介资源、媒介能力、媒介文化等因素,也称“媒介内部条件”。任何媒介组织的生存和发展必须以外部环境为条件,以内部环境为基础。

媒介内部环境分析的目的在于掌握媒介历史和现状,从而总结出媒介的优势和劣势。有助于为媒介量身制定市场战略,有效地发挥自身资源的最大优势;同时避免媒介的劣势,或采取积极的态度改进媒介劣势,扬长避短。

1.内部环境分析的内容

媒介内部环境分析的内容包括很多方面,如组织结构、媒介文化、资源条件、价值链、核心能力分析、SWOT 分析等。按照媒介的成长过程,媒介内部环境分析又分为媒介成长阶段分析、媒介历史分析和媒介现状分析等。

媒介成长阶段分析就是分析媒介目前的状况和所处阶段,然后根据自身状况量身定制媒介发展战略,量体裁衣。媒介历史分析包括媒介过去的经营战略和目标、组织结构、过去五年财务状况、过去几年的人力资源战略以及包括人员的数量及质量等的人力资源状况。

媒介现状分析包括媒介现行的经营战略和目标、媒介文化、媒介各项规章制度、人力资源状况、财务状况、媒介研发能力、设备状况、产品的市场竞争地位、市场营销能力等。

2.内部环境分析的工具

媒介内部环境分析的方法多种多样,包括媒介资源竞争价值分析、比较分析、媒介经营力分析、媒介经营条件分析、媒介内部管理分析、媒介内部要素确认、媒介能力分析、媒介潜力挖掘、媒介素质分析、媒介业绩分析、媒介资源分析、媒介自我评价表、媒介价格成本分析、媒介竞争地位分析、媒介面临战略问题分析、媒介目前战略运行效果分析、核心竞争力分析、获得成本优势的途径、利益相关者分析、内部要素矩阵及柔性分析、媒介生命周期矩阵分析、媒介特异能力分析、SWOT 分析、价值链构造与分析、媒介活力分析以及媒介内外综合分析。

二、常用环境分析模型介绍

(一)PEST 分析模型

PEST 分析是指宏观环境的分析,是战略咨询顾问用来帮助媒介检阅其外部宏观环境的一种方法。对宏观环境因素分析,不同行业和企业根据自身特点和经营需要,分析的具体内容会有差异,但一般都包括政治(Political)、经济

(Economic)、社会文化(Social and cultural)和技术(Technological)四个方面。具体如图 1-1 所示：

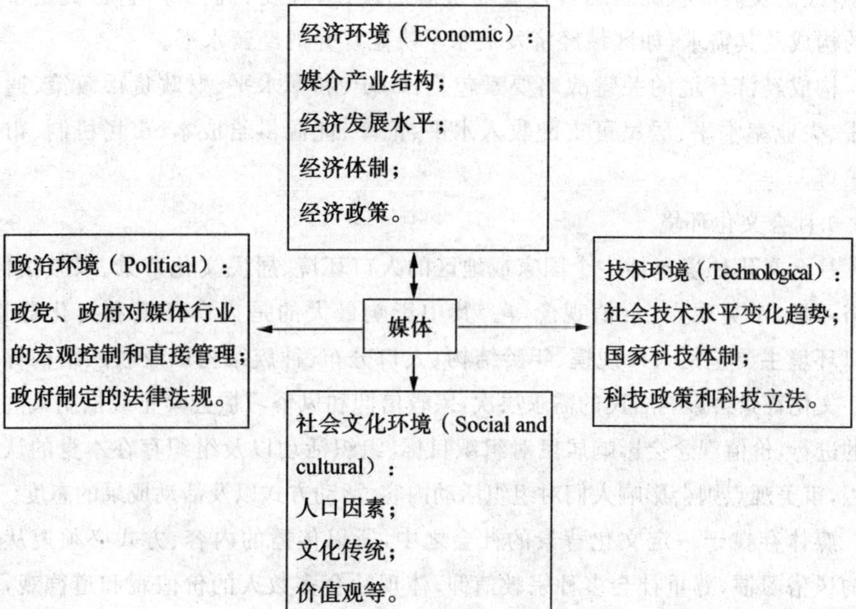

图 1-1　媒体 PEST 分析

1.政治法律环境

政治环境主要包括政治制度与体制、政局、政府的态度等，法律环境主要包括政府制定的法律、法规。政治环境包括一个国家的社会制度，执政党的性质，政府的方针、政策、法令等。政治与媒介互利互为。在媒介与政治之间，媒介是政治的代言人，政治需要主流媒体为其代言，政治利用媒介、控制媒介，同时也扶持媒介。① 同时，政治领域的资讯是主流媒体的重要资讯来源，并构成媒介强大的影响力，媒介可以通过政治获得许多优惠政策。

2.经济环境

经济环境主要包括宏观和微观两个方面的内容。宏观经济环境主要指一个国家的人口数量及其增长趋势，国民收入、国民生产总值及其变化情况以及通过这些指标反映出来的国民经济发展水平和发展速度。

① 参见凌昊莹：《媒介经营管理》，中国传媒大学出版社 2002 年版，第 44 页。

微观经济环境主要指媒介所在地区或所服务地区消费者的收入水平、消费偏好、储蓄情况、就业率等因素。这些因素直接决定着媒介目前及未来的市场大小,经济发展的状况制约着传媒业发展的规模、程度、机会等,它也决定了受众的构成及其需求,如区域经济发展水平决定媒介的经营水平。

构成经济环境的关键战略要素包括:GDP、利率水平、财政货币政策、通货膨胀、失业率水平、居民可支配收入水平、汇率、能源供给成本、市场机制、市场需求等。

3.社会文化环境

社会文化环境包括一个国家或地区的人口环境、居民文化背景、宗教信仰、风俗习惯、审美观点、价值观念等。其中影响最大的是人口环境和文化背景。人口环境主要包括人口规模、年龄结构、人口分布、种族结构以及收入结构等因素。文化背景会影响居民的需求层次,宗教信仰和风俗习惯会禁止或抵制某些活动的进行,价值观念会影响居民对组织目标、组织活动以及组织存在本身的认可与否,审美观点则会影响人们对组织活动内容、活动方式以及活动成果的态度。

媒体存在于一定文化背景的社会之中,所以传播的内容、方式必须遵从传统的风俗习惯,尊重社会多种宗教信仰,体现社会多数人的价值观和道德观,符合大多数人的审美习惯。社会普遍的文化水平和教育程度以及人们的生活方式,决定和影响人们对媒介的参与程度和需求,社会需求的变化也影响媒介的传播内容和媒介的市场定位。

4.技术环境

技术环境除了要考察与媒介所处领域的活动直接相关的技术手段的发展变化,相关的新技术、新工艺、新材料的出现和发展趋势之外,还应及时了解:

(1)国家对科技开发的投资和支持重点;

(2)该领域技术发展动态和研究开发费用总额;

(3)技术转移和技术商品化速度;

(4)专利及其保护情况等。

科学技术是推动媒介形态变迁的重要因素,科技进步可以提高媒介产品的传播质量,扩大传播的范围,提高传播的效果等。科技进步对于消费者的生活方式和媒介的管理方式也会产生重要的影响,信息化管理正成为媒介技术发展的新趋势。

(二)波特五力分析模型

波特五力分析模型,又称“波特竞争力模型”,是迈克尔·波特于 20 世纪

80年代初提出的，它对媒介战略的制定产生了全球性的深远影响。

波特五力分析模型，可以有效地分析竞争环境。五力分别是供应商的讨价还价能力、购买者的讨价还价能力、潜在竞争者进入的能力、替代品的替代能力、行业内竞争者的竞争能力。五种力量的不同组合变化最终影响行业利润潜力变化。五种力量模型将大量不同的因素汇集在一个简便的模型中，以此分析一个行业的基本竞争态势，一种可行战略的提出首先应该确认并评价这五种力量，不同力量的特性和重要性因行业的不同而变化(见图1-2)。[①]

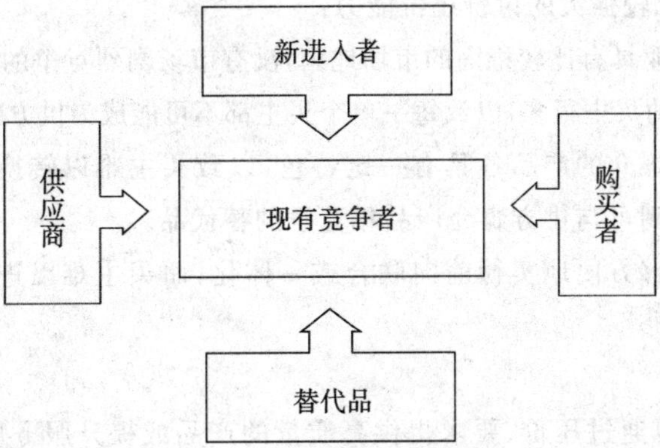

图1-2　五种力量模型结构

1.新进入者

新进入者在给行业带来新生产能力、新资源的同时，希望在已被瓜分完毕的市场中赢得一席之地，这就有可能会与现有媒介发生原材料和市场份额的竞争，最终导致行业中现有媒介盈利水平降低，严重的话还有可能危及这些媒介的生存。竞争者进入威胁的严重程度取决于两方面的因素，这就是进入新领域的障碍大小与预期现有媒介对于进入者的反应情况。进入障碍主要包括规模经济、产品差异、资本需要、转换成本、销售渠道开拓、政府行为与政策、不受规模支配的成本劣势(如商业秘密、产供销关系、学习与经验曲线效应等)、自然资源、地理环境等方面，这其中有些障碍是很难借助复制或仿造的方式来突破的。预期现有媒介对进入者的反应情况，主要是采取报复行动的可能性大小，则取决于有关厂商的财力情况、报复记录、固定资产规模、行业增长速度等。总之，新媒介进入一个行业的可能性大小，取决于进入者主观估计进入所能带来的潜

① 参见赵瑞泽:《文化市场营销学》，中山大学出版社2010年版，第115页。

在利益、所需花费的代价与所要承担的风险这三者的相对大小情况。

2.供应商

供方主要通过其提高投入要素价格与降低单位价值质量的能力，来影响行业中现有媒介的盈利能力与产品竞争力。供方力量的强弱主要取决于他们所提供给买主的是什么投入要素，当供方投入要素的价值构成了买主产品总成本的较大比例、对买主产品生产过程非常重要或者严重影响买主产品的质量时，供方对于买主的潜在讨价还价力量就大大增强。一般来说，满足如下条件的供方集团会具有比较强大的讨价还价能力：

(1)供方行业具有比较稳固的市场地位，没有市场剧烈竞争的困扰，也不被媒介控制，其产品的买主很多，以致每一单个买主都不可能成为供方的重要客户。

(2)供方各媒介的产品各具有一定特色，以致买主难以转换或转换成本太高，或者很难找到可与供方媒介产品相竞争的替代品。

(3)供方能够方便地实行前向联合或一体化，而买主难以进行后向联合或一体化。

3.购买者

购买者主要通过压价、要求提供高质量的产品或提升服务质量，来影响行业中现有媒介的盈利能力。一般来说，满足如下条件的购买者可能具有较强的讨价还价能力：

(1)购买者的总数较少，而每个购买者的购买量较大，占了卖方销售量的很大比例。

(2)卖方行业由大量相对来说规模较小的媒介所组成。

(3)购买者所购买的基本上是一种标准化产品，同时可以向多个卖主购买，在经济上也完全可行。

(4)购买者有能力实现后向一体化，而卖主不可能实现前向一体化。

4.替代品

替代品是指来自不同行业的产品或服务，可通过不同的方式，实现类似的功能，具有相互替代的性质。替代品的威胁主要有：

(1)现有企业产品售价以及获利潜力的提高，将由于存在着能被用户方便接受的替代品而受到限制。

(2)由于替代品生产者的侵入，使得现有企业必须提高产品质量、通过降低成本来降低售价或使其产品具有特色，否则其销量与利润增长的目标就有可能受挫。

(3)源自替代品生产者的竞争强度,受产品买主转换成本高低的影响。

5.现有竞争者

同一行业的企业内通常存在激烈的竞争,媒介企业的竞争目标是使得自己的企业获得相对于竞争对手的优势,所以,在实施中就必然会产生冲突与对抗现象,这些冲突与对抗就构成了现有企业之间的竞争。现有媒介之间的竞争常常表现在产品、价格、广告和服务等方面。

(三)SWOT 分析模型

SWOT 分析法(也称“TOWS 分析法”“道斯矩阵”)即态势分析法,20 世纪 80 年代初由美国旧金山大学的管理学教授海因茨·韦里克(Heinz Weihrich)提出,经常被用于企业战略制定、竞争对手分析。SWOT 分析,主要分析企业的优势(Strengths)、劣势(Weaknesses)、机会(Opportunities)和威胁(Threats),然后用系统分析的思想,把各种因素相互匹配起来加以分析。因此,SWOT 分析是对企业内外部条件进行综合和概括,进而分析组织的优劣势、面临的机会和威胁的一种方法。通过 SWOT 分析,可以帮助企业把资源和行动聚集在自己的强项和有最多机会的地方,并让企业战略变得明朗。

1.机会与威胁分析

随着经济、科技的迅速发展,特别是世界经济全球化、一体化进程的加快,全球信息网络的建立和消费需求多样化,使得企业面临的环境更为开放和自由。这种变化几乎对所有企业都产生了深刻的影响。正因为如此,环境分析成为一种日益重要的企业职能。

环境发展趋势分为两大类:一是环境威胁,二是环境机会。环境威胁指的是环境中一种不利的发展趋势所形成的挑战,如果不采取果断的战略行为,这种不利趋势将导致媒介组织的竞争地位受到削弱。环境机会就是由于环境变化形成的对媒介组织行为富有吸引力的领域,在这一领域中,该媒介组织将拥有竞争优势。

2.优势与劣势分析

优劣势分析主要是着眼于企业自身的实力及其与竞争对手的比较,而机会和威胁分析将注意力放在外部环境的变化及对企业的可能影响上。在分析时,应把所有的内部因素(即优劣势)集中在一起,然后用外部的力量来对这些因素进行评估。

识别环境中有吸引力的机会是一方面,拥有在机会中成功所必需的竞争能力是另一方面。每个企业都要定期检查自己的优势与劣势,这可通过“企业经营管理检核表”[①]的方式进行。企业或企业外的咨询机构都可利用这一格式检查企业的营销、财务、制造和组织能力。每一要素都要按照“特强”“稍强”“中等”“稍弱”或“特弱”划分等级。

竞争优势是指消费者眼中一个企业或它的产品有别于其竞争对手的任何优秀的方面,它可以是产品线的宽度,产品的大小、质量、可靠性、适用性、风格、形象以及服务态度、服务质量等。当两个企业处在同一市场或者说它们都有能力向同一顾客群体提供产品和服务时,如果其中一个企业有更高的盈利率[②]或盈利潜力,那么,我们就认为这个企业比另外一个企业更具有竞争优势。

企业作为一个整体,其竞争优势来源十分广泛,所以,在做优劣势分析时必须从整个价值链的每个环节上将企业与竞争对手进行详细的对比。如产品是否新颖,制造工艺是否复杂,销售渠道是否畅通,价格是否具有竞争性等。如果一个企业在某一方面或几个方面的优势正是该行业企业应具备的关键成功要素,那么,该企业的综合竞争优势也许就强一些。需要指出的是,衡量一个企业及其产品是否具有竞争优势,只能站在现有潜在用户角度上,而不是站在企业的角度上。

企业竞争优势的持续时间,主要由以下三个关键因素决定:

第一,建立这种优势要多长时间。

第二,能够获得的优势有多大。

第三,竞争对手作出有力反应需要多长时间?

分析清楚了这三个因素,就会明确自己在建立和维持竞争优势中的处境了。显然,不应去纠正它的所有劣势,也不是对其优势不加利用。关键的问题是在已拥有优势的机会中加以研究,还是去获取和发展一些优势以找到更好的机会。

有时,企业发展慢并非因为其各部门缺乏优势,而是因为它们不能很好地协调配合。波士顿咨询公司提出,能获胜的往往是取得内部优势的企业,而不仅仅是只抓住核心能力。因此,必须管好某些基本程序,如新产品开发、原材料采购、对订单的销售引导、对客户订单的现金实现、顾客问题的解决时间等等。每一程序都创造价值和需要内部各部门协同工作。虽然每一部门都可以拥有一个核心能力,但如何开发管理这些优势能力仍是一个挑战。

在适应性分析过程中,高层管理人员应在确定内外部各种变量的基础上,采用杠杆效应、抑制性、脆弱性和问题性四个基本概念进行这一模式的分析。

---

① 参见唐烨:《管理学概论》,上海财经大学出版社 2015 年版,第 19 页。

② 盈利率,是根据资产市值的变化和有关期间的收益,如利息、股息等。

(1)杠杆效应(优势+机会)。杠杆效应产生于内部优势与外部机会相互一致和相互适应时。在这种情形下,媒介组织可以用自身内部优势撬起外部机会,使机会与优势充分结合发挥出来。然而,机会往往是转瞬即逝的,因此媒介组织必须敏锐地捕捉机会,把握时机,以寻求更大的发展。

(2)抑制性(劣势+机会)。抑制性意味着妨碍、阻止、影响与控制。当环境提供的机会与媒介组织内部资源优势不相适合,或者不能相互重叠时,媒介组织的优势再大也将得不到发挥。在这种情形下,媒介组织就需要提供和追加某种资源,以促进内部资源劣势向优势方面转化,从而迎合或适应外部机会。

(3)脆弱性(优势+威胁)。脆弱性意味着优势的降低、减少。当环境状况对媒介组织优势构成威胁时,优势得不到充分发挥,出现"优势不优"的脆弱局面。在这种情形下,媒介组织必须克服威胁,以发挥优势。

(4)问题性(劣势+威胁)。当媒介组织内部劣势与外部威胁相遇时,媒介组织就面临着严峻挑战,如果处理不当,可能直接威胁到组织的生死存亡。

第二节　典型案例分析

案例一:利用 PEST 模型分析腾讯市场环境

深圳市腾讯计算机系统有限公司成立于 1998 年 11 月,是中国最大的互联网综合服务提供商之一,也是中国服务用户最多的互联网企业之一。腾讯多元化的服务包括:社交和通信服务、社交网络平台、游戏平台、门户网站、新闻客户端和网络视频服务等。

一、腾讯市场环境分析

(一)政策环境分析

当前,促进信息消费已成为经济政策的着力点之一。作为信息消费领域最活跃的移动互联网,面临着新的发展机遇。工信部《关于加强移动智能终端进网管理的通知》通过对提供 App 的第三方平台备案等管理,加强对个人信息安全和合法权益的保护;《网络文化经营单位内容自审管理办法》的施行,使政府部门承担的网络文化产品内容审核和管理责任将更多地交由企业承担,移动游戏的内容实行自审;国务院印发的《关于促进信息消费扩大内需的若干意见》,

将培育移动互联网等产业发展作为“稳增长,调结构,惠民生”的重要手段。与此同时,国家一系列扶持和管理政策相继出台。

自2012年以来,国务院及相关部门针对以影视、演艺娱乐、动漫游戏、文化旅游为代表的文化产业,出台了一系列宏观或具体的扶持政策及管理办法,为中国文化产业提供了成长条件。仅在2017年,国务院及相关部门发布的相关文件就超过60个。

2018年2月2日,国家互联网信息办公室公布《微博客信息服务管理规定》(以下简称《规定》)。该《规定》共18条,自2018年3月20日起施行,内容包括微博客服务提供者主体责任、真实身份信息认证、分级分类管理、辟谣机制、行业自律、社会监督及行政管理等条款。

2018年2月8日,国家新闻出版广电总局发布《严肃整治网上低俗炒作、不良有害视听节目》通知,提出严肃整治近期网上出现的恶意拼接经典卡通形象散布血腥暴力的视听节目。同时,基于网络直播乱象,中央宣传部、中央网信办、文化部、国家新闻出版广电总局、全国“扫黄打非”工作小组办公室作出部署,于2月上旬至4月下旬,进一步开展了针对网络直播平台传播低俗色情暴力等违法有害信息和儿童“邪典”动漫游戏视频的集中整治行动。① 其中未获得相关直播服务资质的直播平台和频道,被依法予以取缔;对具备运营资质、传播违法违规和不良内容的,责令删除相关内容,问题突出的直播频道和直播间,立即下线整改。对违法违规情节严重的互联网站,依法予以关闭;涉嫌犯罪的,依法追究刑事责任。

2020年4月21日,最高人民法院发布了《关于全面加强知识产权司法保护的意见》,指出要加强科技创新成果、商业标志权益、著作权和相关权利等合法权益保护,完善电商平台侵权认定规则,积极促进智力成果流转应用。

对腾讯而言,除了利用政策导向寻求更多机会,如何在这个日益繁荣的市场里面对愈发严格的政策监管与市场秩序规范,显得尤为重要。一系列政策的出台实施也为腾讯公司的规范发展提供了良好的政策环境。

(二)经济环境分析

自改革开放以来,中国经济呈现出飞速发展的态势,整个中国经济的大环境良好;国家大力支持互联网产业发展,更是在上海建立自由贸易区。中国互联网行业渐渐与国际接轨。腾讯早在2010年就于纳斯达克上市。腾讯的各大

① 参见国家广播电视总局网络视听节目管理司、国家广播电视总局发展研究中心:《中国视听新媒体发展报告(2018)》,中国广播影视出版社2018年版,第198页。

策略也围绕与国际的接轨,显示出腾讯国际化的决心。

改革开放以来,中国经济毫无疑问处在一个剧烈的上升周期,其间也许偶有波动,但势不可挡,巨大的动能在短暂的时间中迸发出来,创造财富的效率也是世所罕见。

如今,中国的互联网企业正在强势崛起。在 2019 年中国上市公司市值 500 强行业分布中,排在第一位的正是信息技术行业。其中,入围 500 强的信息技术行业公司有 88 家,总市值占比超过 20%,而 2008 年,信息技术行业入榜公司才 23 家,且总市值不到 3500 亿元,占比仅 1.7%。可见,这十年,信息技术行业无论是入榜数量还是市值方面都实现了较大的飞跃。

目前国内互联网行业基本已形成腾讯、百度、阿里、“360”、搜狗等巨头鼎立的局面,行业竞争十分激烈,各互联网企业为保持优势地位,需要从各用户流量较多的企业中获取流量导入服务,并形成广告联盟,进而稳定其市场份额。中商产业研究院数据显示,2018 年,我国互联网广告市场规模约 654 亿美元,2020 年我国互联网广告市场规模将达到 946 亿美元,2023 年我国市场规模将达到 1343 亿美元,发展态势良好,拥有广阔的市场空间(见图 1-3)。

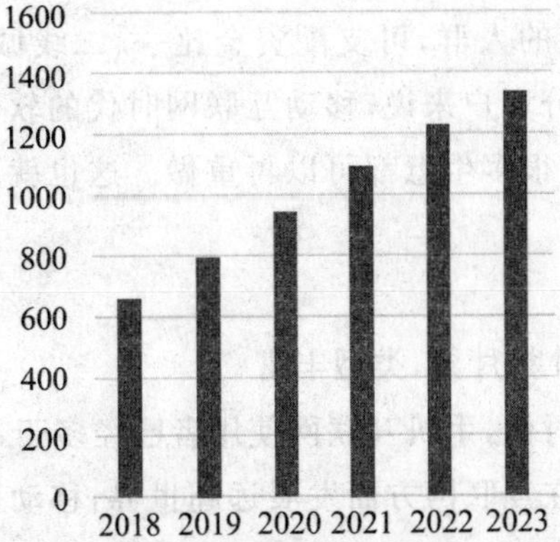

图 1-3 2018～2023 年中国互联网广告市场规模及市场预测

(数据来源:eMarketer,中商产业研究院整理)

(三)社会人口环境分析

随着人们受教育水平的提高和互联网的快速发展,即时通信被越来越多的人熟知和使用。腾讯公司在 OICQ 时期就已经培养了大量用户,拥有很好的用户群和用户基础。广大用户在长期的使用过程中也已经形成对 QQ 和微信的依赖，使其成为人人皆有的通信工具。截至2019年年底，微信每月活跃用户数量已经达到了12亿。

消费升级伴随存量用户挖掘，是腾讯未来快速发展的首要策略。2020年4月28日中国互联网信息中心《中国互联网络发展状况统计报告》的数据显示，截至2020年3月，我国网民规模达9.04亿，较2018年底增长7508万，互联网普及率达64.5%。除了常规目标消费群体之外，腾讯正在研究中老年消费者。2018年3月19日，中国社会科学院国情调查与大数据研究中心和腾讯社会研究中心共同发布《中老年互联网生活研究报告》。腾讯集团副总裁、腾讯影业首席执行官程武表示，中老年人正在成为网络世界里最大的新增群体，腾讯通过互联网与数字技术的赋能，让更多人一起共享数字时代的幸福。有数据显示，自2012年以来，老年网民数量增长130%，老年人触网的速度是整体移动互联网普及速度的1.6倍。可见，中老年人正在成为网络世界里最大的新增群体。

中国互联网的第三波人口红利是三、四线城市家庭主流消费人群，也就是所谓的"小镇中年"。他们是中国最后进入移动互联网的人口，在家庭消费方面拥有决策权，相比于一、二线城市的人群，他们没有巨大的房贷压力，消费水平也远远低于一、二线城市的人群，可支配资金比一、二线城市的人群高，灵活支配的时间较多。对这部分用户来说，移动互联网时代的软件、社交、电商等在他们中间的普及度还不高，很多生意都可以再重做。这也就成为腾讯未来关注的目标消费群体。

（四）技术环境分析

1.互联网接入技术日新月异，类型丰富

现在是移动互联网时代，手机互联网使用者已经多于PC端的使用者，而且中国三大移动通信公司在互联网方面发展远超世界，移动互联网是各个公司必争之地，而腾讯在微信上的发展令人瞩目，若腾讯把各方思路有机整合则一定能取得更大优势。

作为新生代的移动网络技术5G取得了飞速发展，网络接入技术的不断发展，以及可用网络的多样化都给网络应用服务带来了挑战，在不同的网络通道下提供对等的业务服务和使用感受是各业务服务商关切的问题。

2.云计算、物联网与大数据迅速发展

云计算、物联网、大数据技术和相关产业迅速崛起，多种新型服务蓬勃发展，不断催生新应用和新业态，倒逼传统产业进行创新融合发展。随着信息技术不断发展，未来企业对云计算、大数据、物联网的使用必然会进一步提高，这也将进一步带动应用性能管理服务行业的发展。

就目前技术发展水平及发展方向来看，虚拟现实技术、云计算、人工智能、大数据应用等方向成为腾讯下一阶段发展的主流方向，而腾讯也可以将创新技术融入电商平台之中，为消费者带来升级体验。腾讯还会不断借助技术革新推出其他产品，并积极寻找海外合作伙伴；腾讯也在针对特定的市场开发相应的应用产品，以期在相应市场的生态系统中开展更为深入的业务。过去中国互联网界称腾讯是“永远在模仿，从未被超越”，即使很多产品和技术并非腾讯首创，但腾讯会保持高度的敏感和快速反应，能够迅速跟进竞争对手，并且依靠强大的产品研发能力、学习能力和用户数基础实现超越。

二、腾讯商业模式分析

2018 年，腾讯在原有事业群基础上进行调整，保留企业发展事业群(CDG)、互动娱乐事业群(IEG)、技术工程事业群(TEG)、微信事业群(WXG)；又突出聚焦融合效应，新成立云与智慧产业事业群(CSIG)、平台与内容事业群(PCG)(见图 1-4)。

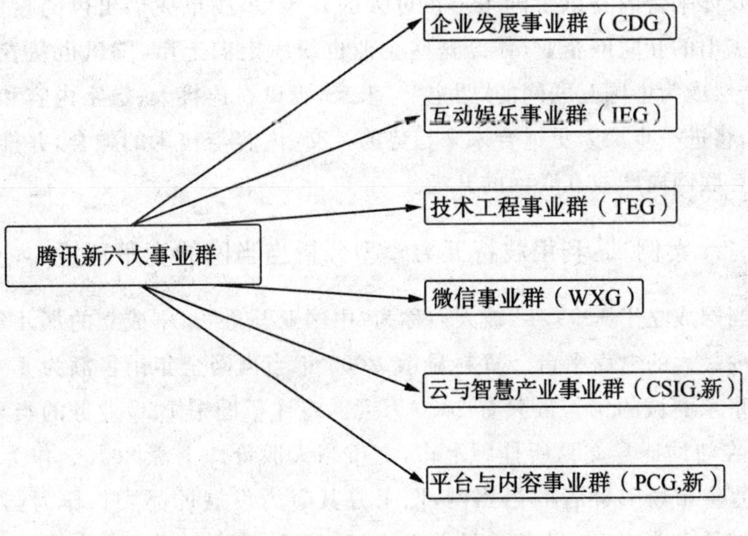

图 1-4　腾讯新六大事业群结构

通过运用 PEST 分析工具对宏观环境的分析，可知腾讯的商业模式首先是以强大的免费社交软件(QQ、微信)等吸引庞大的用户群，在此基础上利用增值业务和游戏来实现货币化。其中，社交是腾讯帝国的基石，是腾讯一切商业化的基础。有了这些黏性巨大的用户之后，腾讯可以展开多样形式的变现。

腾讯的整体盈利模式可以简单概括为：一方面，以免费社交软件（QQ、微信）为中心发展关系链，保持用户黏度，通过QQ、微信积淀下来的大量用户群体，在游戏、视频、广告、企业服务等领域牢牢占据业内头把交椅，2018年成立的广告营销服务线，以更协同的方式结合社交、视频、资讯以及其他富媒体资源，充分发挥腾讯资源特色与优势，为客户创造更大的价值。另一方面，腾讯更懂得如何用“流量＋资本”构筑一个庞大的舰队，合纵联盟，在内容、电商、支付、线上线下四处出击，形成了移动互联网上的一个航母舰队体系，这样的体系远比靠单打独斗来得更高效。

相对于阿里、百度在移动互联网上的加速并购，在移动互联有天然优势的腾讯微信已稳坐移动社交媒体第一位的宝座，并成立了独立的微信事业群，加速移动互联的发展。同时，涉足了移动支付、理财、游戏、地图、电商以及生活服务等众多领域，搭建起全新的以社交媒体为核心的生态体系。如今，腾讯投资的范围已经覆盖全球20多个国家，包括电商、本地生活、医疗、出行、金融、游戏等20多个互联网行业，投资企业总数已达508家，旗下的“独角兽”[①]超过了50家，总体估值已过万亿元。腾讯经过这些年的演化，早已不只是依靠爆款游戏及社交媒体平台的腾讯帝国了。在过去的几年里，腾讯凭借出色的投资，孕育了众多杰出的互联网企业，如今这些企业也纷纷走向上市，腾讯也从青年迈入成熟，俨然成为中国互联网的“盟主”。未来，腾讯在连接人、数字内容和服务的基础上，将进一步探索更适合未来趋势的社交、内容与技术的融合，并推动实现由消费互联网向产业互联网的升级。

案例二：利用波特五力模型分析当当网的竞争环境

当当网成立于1999年，被人们称为“中国亚马逊”。刚成立的那几年，当当网是国内最大的电商平台。资料显示，2005年当当网全年销售额为4.4亿元，而当时京东商城的销售额只有3000万元。专注于图书B2C业务的当当网，于2010年在纽约证券交易所挂牌上市，上市当天股价即上涨86%。作为中国网上图书零售市场引领者的当当网，图书是其着力发展的品类。作为国内图书B2C领域的龙头老大，当当网图书超过120万种，拥有3000多个第三方卖家，

① 独角兽：在神话中，它形如白马，额前有一个螺旋角，代表高贵、高傲和纯洁。在股权投资家眼中，它是估值达到10亿美元以上、成立不满10年的初创企业。在A股投资者眼中，它似乎是个沾了边就涨的“概念”。在寻找“独角兽”的热情驱使下，各类“独角兽概念股”榜单频出。

并在全国经营200多家实体书店。作为最早登陆美国股市的电商巨头，当当网创造了一段辉煌的历史。

然而，随着互联网经济竞争的加剧，行业竞争环境不断发生变化，当当网上书店也面临着巨大的市场竞争压力。2018年，当当网风波不断，先是陷入"卖身"海航传闻，后被北京市消协点名，2020年初又因股权问题陷入负面风波。随着信息技术的不断发展，电商、网上书店发展迅猛。本节以当当网上书店为例，运用波特五力模型分析其面临的竞争环境，结合其自身的行业竞争力现状，可以分析当当网缘何"起了个大早，却赶了晚集"，错失了最好的竞争机会。

一、同业竞争者分析

目前，当当网上书店的线上竞争者主要分为三大类：第一大类是卓越亚马逊、京东网上书城和天猫书城，占领了网购图书市场的绝大部分份额，以综合实力见长。第二大类是孔夫子旧书网、中国图书网等为代表的民营图书网站。第三大类是以人天书店等建立的读买书网为代表的图书销售网店，成立时间较短，影响相对较小。

当当线下的竞争者主要是以新华书店为代表的实体书店，目前虽然实体零售书店的市场份额远不如前，但其正努力改变现状，例如新华书店已开设网上商城，这对当当网上书店构成潜在的威胁。综上，当当网上书店面临的行业内竞争非常激烈。

二、供应商的议价能力分析

网上书店的供应商主要是出版商，由于低价打折、促销活动是当当网上书店拉拢顾客的长线营销活动，因此价格的高低是当当网是否购进的首要条件。尽管存在多家B2C网上书店，当当仍是国内重要的网上图书零售市场，拥有庞大的用户资源及强大的市场覆盖率，因此供应商的议价能力相对而言是较弱的。

三、购买者的议价能力分析

当当网上书店的客户主要是有较高文化程度的爱书人，且主要集中在一、二线发达城市地区，多为中等收入人群。这些人注重商品或服务的性价比。此外，选择在网上购买图书的人，大部分为价格敏感者，超低的折扣价格是吸引他们眼球的主要因素，因此客户的议价能力相对较强。

诚然，价格要素非常重要，但是价格现在依然不是购买者关注的唯一要素。

2017 年，一位当当网的老用户表示，她在当当网的图书订单，从天津出版社仓库到北京耗时 4 天，当当网使用的配送公司是宅急送。在用户对物流速度要求越来越高的背景下，当当的物流显然已经无法满足用户需求。

四、替代品的威胁

就获取知识方面而言，读书是最主要的方式，几乎没有替代品可言，因此对于图书而言，替代品的威胁相对较小。因此，从图书电商的角度来说，图书市场很有潜力。

亚马逊以 B2C 为基础，销售规模仍超过了易贝，成为全球电商的代表，也成为世界图书电商的标杆。这就代表图书电商不是没有前景，而是以当当网为代表的图书电商尚未像亚马逊一样实现多元化的增值。从互联网的发展趋势可以发现，大家对于阅读的需求不是减弱的，而是日益增强的，这从亚马逊的 kindle 阅读器的火爆销售就能够看出来。所以，阅读的热潮并没有过去，反而是不断增强的，这和当年电台并没有因为电视的出现而衰落，反而因为汽车的普及而增强是一样的。

当当网最大的问题并不是“图书”被淘汰，而是自己的优势越来越不明显，当当网做图书没有像亚马逊那样专业和运用高科技手段，做电商没有像京东那样自营，做平台更是不如淘宝广泛，由于缺乏自身的核心竞争力，从而导致了竞争优势的丧失，这是当当网自己的问题而不是图书行业的问题，这一点需要明确。

五、新进入者的威胁

网上书店的新进入者主要是指潜在进入网上图书市场的模仿者和依附于自身强大的商家及用户资源、在现有业务基础之上以发展子业务的形式出售图书的各大平台。对于前者，技术障碍和资金限制是其面临的主要问题，此类新进入者的威胁相对较小。但对于后者，技术和资金不再是挑战，例如苏宁易购正在逐步打开图书市场，各大出版商也正在积极加入第三方平台，这些潜在的竞争者目前占多数，因此新进入者的竞争威胁相对较强。

思考题：

1.我国媒介经营管理的宏观环境构成是什么？对其进行分析。

2.当前我国媒介经营管理环境的新特点是什么？

参考文献：

1.郭焱：《企业战略分析、预测、评价、模型与案例》，天津大学出版社2012年版。

2.李敏：《"一带一路"的国际多式联运SWOT分析》，现代教育出版社2011年版。

3.余明阳：《中国企业经典案例》，上海交通大学出版社2018年版。

第二章　媒介组织管理

现代社会中，管理作为一种普遍的社会活动，广泛地存在于一切有组织的活动中，并且是使系统产生组合放大效应、达到预期目标的过程。媒介系统作为一个结构复杂、性质独特、高度融合的组织，管理工作同样是必不可少的有机组成部分。自 20 世纪 80 年代开始，在数字化、垄断化、私有化和全球化浪潮的引领下，西方发达国家的媒介组织管理产生了重大变革。在适应全球市场的发展需要的过程中，我国媒介组织形态也发生了相应的变化和调整。

第一节　基本理论概述

一、媒介组织及其特征

媒介组织是专门从事大众传播活动以满足社会需要的单位机构，是通过一定制度和运营机制联系起来的集合体，这个集合体是一个社会系统，具有系统的一般特性和功能。作为一个系统，这个系统通过组织结构和组织制度将组织内部的一个个元素联系起来，成为一个有机的整体。① 传播学家麦奎尔早在 1987 年的《大众传播模式论》中就曾对媒介组织的特征进行论述，基本观点包括：

(1)媒介组织的核心产品是知识。媒介组织的首要任务是以信息、理念和文化产品的形式生产、复制和传递知识。

(2)媒介组织是沟通的渠道。媒介组织创造和传递人们希望收到的信息。

---

① 参见周鸿铎：《媒介经营与管理总论》，经济管理出版社 2005 年版，第 146 页。

从最纯粹的意义来说，它们提供了把人与人联系起来的渠道：发送者与接收者、一个观众与另一个观众、社会中的每一个人与他所在的团体。这创造了人对周围环境的一种高度的敏感，并意味着要与不同的关键公众群体保持密切的沟通。

(3)媒介组织在公开环境下运作。媒介组织是开放的，任何人都可以以接收者的身份加入进来，并逐渐转变为发送者。媒介组织因报道形成舆论，其活动被密切关注，严格监督。

(4)媒介组织与政治生活和社会的权力中心联系在一起。媒介组织所要达到的目的既具有时代感，又具有政治色彩，以突出它们的职责和它们所受到的关注。①

根据上述论述，媒介组织就其本性而言具有双重性和兼容性。媒介虽然作为一定社会权力的宣传工具而具有一定的强制力，但绝非强制性社会组织；媒介虽然具有功利性，需要将自己的信息产品转换为经济效益，但又不能等同于以营利为唯一目的的私有企业；媒介虽然具有宣传和意识形态功能，但它们又不是单纯宣传机构，这种功能只有在它们的信息产品能够满足社会需求、得到市场消费者承认的前提下才能实现。② 因此媒介组织既有经营目标也有宣传目标，与政治生活和社会的权利中心联系在一起，是兼有公共、公益双重性于一身的特殊组织。

媒介组织作为一种社会组织机构，渗入社会的一切过程和现实生活的一切领域，并同国家或社会的一定机构有机地联系在一起。媒介组织在社会系统中得以存在的基本特征如下：

(1)媒介组织是经过认真策划、充分准备而有意建立起来的，不是自然形成的。媒介组织的出现和发展，都是不同时期人们理性抉择的结果，无论这种抉择是出于怎样的动机，目标都是明确的。

(2)媒介组织的成立需得到权威部门的认定或是社会大众的承认，具有明显的集体认证过程，具备明确的服务大众计划以及严格的人员更替的程序。媒介组织是在一定的国家体制内产生的，它的成立必然要遵循不同时期、不同国家的规则和体例，同时还受到当地文化理念和历史传承的影响。特定的国家政治体制、政治传统、大众的文化素养和时代需求，共同决定了媒介组织需要一个

---

① 参见[英]露西·金-尚克尔曼：《透视 BBC 与 CNN——媒介组织管理》，彭泰权译，清华大学出版社 2004 年版，第 6 页。

② 参见郭庆光：《传播学教程》，中国人民大学出版社 2006 年版，第 158 页。

国家系统和社会系统的确认和认同过程，而在这种确认过程中，媒介组织的集体化特征也被确立了。

(3)媒介组织成员专门从事大众传播活动，并以此谋生。媒介组织的成员一旦得到认可，其工作的范围和职责也随之被确定下来。首先，他的工作职责是面向大众的，也就是说，无论他所输出的媒介产品经过了怎样的筛选和加工过程，最终都要以大众的信息生活和日常生活为主并对其产生影响。其次，在这种大众传播活动中的媒介工作者，既是一名经济活动者，也是一名信息传播着，在职责所给予他的权限范围内，媒介组织是他赖以谋生的载体。

(4)媒介组织要开展活动、实现目标，必须合理地分化功能、协调行动、划清权限，形成媒介中特有的角色关系(如报社内有社长、总编辑、总经理、编辑部主任等)。媒介组织的结构设置和组织模式决定了组织运作的过程，要实现一定的组织目标，组织首先要在媒介领域展开活动；其次要根据目标将组织的各个部分进行合理化分工，注重分工中的协作，从而形成媒介组织内的不同角色及其职责范围。

(5)媒介组织的行为注重效率和时效，追求时间上的延续性以及互动关系的持续性。如果在时间上发生断裂，媒介组织的整体行为会受到一定的影响，这种影响不仅仅体现在社会方面，甚至会对社会经济和政治产生影响。为了完成组织的目标并加快效率，必须形成统一的群体规范来约束群体成员的行为。媒介的集体认证特征和服务大众的目标，对于媒介组织中的成员而言，仅仅只是针对所有媒介组织的一种大的规则。对一个具体的组织而言，需要制定属于自己组织的明细的规章制度和相应的激励、惩罚措施，以便更好地使组织成员的行为向着设定的组织目标发展，而不是缺少群体价值和集体感，单独追求个人的发展，忽视自己隶属组织的目标。

二、媒介组织的变革

在我国，媒介组织按其是否承担宣传任务可分为新闻宣传类与非新闻宣传类，长期以来基本上也都属于国有事业单位。按照管理分类，它不是党政机关，而是依附于党政机关(如宣传部门)，经营上实行的是“事业单位，企业化管理”。其首要目标是确保舆论导向和播出安全，维护社会稳定，促进经济社会发展。目前，随着我国文化体制改革和产业转型升级的不断推进和完善，我国媒介组织形式和特性也更加复杂和多样化，多数新闻宣传类的媒介组织通过采编分离或制播分离等方式将非宣传类的业务进行了剥离，并按市场规律重组成新的经营性组织。而非新闻宣传类的媒介组织也基本实现了事业单位的转企改制。同时，互联网、手机应用平台等新兴民营媒介组织也如雨后春笋般成长起来，形成国有和民营并存、企业和事业机制交融、传统与现代媒介互补的现状。媒介组织的属性也由原来的政治、公益属性朝着政治、公益和产业属性多重方向发展，并在其传统政府喉舌和舆论引导属性上更加突出其赖以生存的产业属性。①

媒介由相加到相融是大势所趋，这种“深入骨髓”式的变革，从内容生产到组织结构重塑了媒介的方方面面。受传统互联网逻辑的影响，传统的媒介组织沿着由去中心化到平台化、社群的方向演变，实现了由重视集体思维的组织形态到凸显个体思维的“众媒”生态的转型；社会系统从“机构”下沉到“个人”。这意味着未来的媒介不再是一种机械性的组织，而是一种生态性的媒介部落，人们认识媒介组织的逻辑必须发生变化；媒介为个体的力量和创造力得以充分释放提供平台。从根本上讲，媒介组织应具备战略弹性，在最短时间内通过自身的调整保持与外部环境的统一，具备持续竞争的优势。

第二节　典型案例分析

案例一：广东广播电视台启动工作室改革

广东广播电视台于 2016 年 3 月正式拉开了工作室改革的帷幕，以“组织扁平化，工作高效化”为目标，先后成立数个工作室，并以此为改革试点，构建了类似于企业“集团总部＋分公司”的分权组织架构，目的在于以优秀人才撬动创新，鼓励台内创业，打造文化精品。

一、以业内专业人士为主体，打造个人工作室

“黎婉仪财富管理工作室”是广东广播电视台首个工作室，成立于 2016 年 3 月 29 日，主打广播财经节目及财富管理运营。黎婉仪是广东珠江广播频率节目主持人，在广播和投资领域具有丰富经验，资历深厚，主持的节目有着较高的个人品牌价值和较广泛的财经行业覆盖力，在听众中有着广泛的影响力。该工作室除了继续强化中国广播史上首个众筹广播节目《风云再汇》的品牌影响力之外，于 5 月又全新打造一档广播财经节目《财经铁三角》在珠江经济台

① 参见唐旗：《简析我国媒介的组织管理》，《江苏商论》2014 年第 6 期。

FM97.4、股市广播 FM95.3 和“头条影音”等多平台播出，其后又与广东省南方产权文化交易所合办《南方文交所之窗》节目。这些新的广播节目激发起听众的强烈兴趣。

2016 年 5 月 27 日，广东广播电视台成立了“马志丹工作室”，致力于拓展对外合作和品牌运营，打造既能吸睛也能吸金的纪录片。马志丹是广东乃至全国较有影响力的纪录片制片人、导演，其代表作品《追梦在路上》系列片荣获国际、国家、省级奖项共计 39 项。该工作室与广东南方物流集团有限公司、有米科技股份有限公司、广东省南方文化产权交易所等三家单位签署了总金额达 116 万元的战略合作协议，其后还启动了电影拍摄项目，并以工作室名义酝酿了多个合作纪录片项目。

2016 年 6 月 16 日，“尹铮铮工作室”成立。尹铮铮是广东广播电视台新闻广播《广东民声热线》《直播广东》的节目主持人、珠江电视频道《今日关注》节目主持人、广东卫视《全球零距离》节目嘉宾，还是蜻蜓 FM“尹铮铮声音工厂”的出品人。该工作室跨广播、电视和新媒体等多个平台开展节目生产与产品运营，实现了融媒体生产、多元化传播。该工作室还分别与中国人寿广东省分公司、中国人保财险广东省分公司、蜻蜓 FM、路上读书 App 以及蜜田文化传播有限公司等建立了战略合作伙伴关系，合作总额超过 300 万元。

2016 年 7 月 22 日，“陈星工作室”成立。陈星是广东台著名电视节目主持人、全国“金话筒奖”获得者。其工作室以大型方言节目《谁语争锋》的制作团队为基础，致力于文化娱乐节目生产与运营，与地市广播电视台的合作机制实现了突破，联动多家省市媒体播出，迈出了联合经营的一大步。

2016 年 12 月 30 日，“任永全工作室”成立。该工作室以南派名嘴、广东广播电视台珠江频道副总监任永全为核心组建，主打“粤港澳文商旅全媒体运营”，旨在联动粤港澳演艺界台前幕后的力量，强强联手打造粤港澳大湾区大型文体教育项目，同时把广东优秀的主持人、演员、歌手等输送上更大的国际舞台。

广东广播电视台成立的工作室作为一个相对独立的团队来进行节目的生产运作，在严格遵守并执行广播电视台关于宣传管理、安全播出、内部管理等规章制度的前提下，享有相对独立的项目决定、项目运营、团队组建、薪酬分配、收益分成、财务审批等权利。工作室以创新创业为中心，以节目生产、项目运营、多元传播为手段，以面向市场为目标，旨在带动组织内部创新和管理创新，实现组织扁平化。工作室改革创新机制、流程、节目生产方式和技术，大胆探索融合发展、跨界合作等全新运营模式，努力发挥着主流媒体的导向性、权威性、服务性和创新精神。

工作室的组织逻辑一改以往我国传统广播电视媒体大多实行的直线职能制组织结构，即组织权力相对集中、层级分明、统一指挥的原则，而是变为更加灵活的组织架构。这样的组织设定一方面授予工作室负责人以充分的权力，也在收益分配和艺术创作上带来了更大的自由；但另一方面也带来了经营上的压力，工作室负责人必须对项目团队进行更细致的分工，设计更周全的激励机制来充分调动团队成员的积极性，投入更大的精力整合外部资源，实现内容产品衍生价值的二次开发。

因此，除了在本职业务深耕与开拓之外，各工作室还利用自身资源和影响力来链接社会资源、开展公益活动。例如“陈星工作室”先后发起成立岭南方言文化传承保护中心和方言博物馆，力图以岭南方言负载的口传文化为特色，发挥媒体优势，构建弘扬岭南传统文化的智库平台；“任永全工作室”积极发挥“明星义工队”学雷锋示范效应作用，以身作则带动广大市民参与义工服务，还在粤港两地参与了十余项公益活动，名主持人、名制作人的“IP 价值”得以深度开发利用，也为工作室及其节目、产品、品牌的市场导入和口碑积累打下良好基础。未来公司化运作或将是广东广电工作室建设的最终归宿。2017 年 8 月，“黎婉仪财富管理工作室”率先开启公司化运作，实行国有资本、民营资本及企业员工共同参股，这种“混合所有制”尝试为广东台工作室改革的纵深推进带了一个好头。

二、打破固有层级结构，实现组织结构扁平化

组织结构扁平化是指通过减少管理层次、增加管理幅度、裁减冗员来建立一种紧凑的横向组织，它强调系统的灵活性、管理层次的简化、管理幅度的增加与分权。随着组织规模扩大、环境变化加快，不论在一般企业，还是媒体，组织扁平化都成为一种趋势和要求。扁平化组织通常分权程度较高，即决策指挥权向中低管理层次分散。从组织结构类型的发展演变来看，从直线职能制、事业部制，到团队结构、矩阵结构，再到虚拟组织、网络组织，分权程度越来越高，组织更具灵活性和柔性，也体现了扁平化特征。

媒体融合的发展，改变了过去既有的媒体形态，也颠覆了媒体的经营环境，组织扁平化是适应媒体融合环境的客观要求。传统媒体要从封闭市场走向开放市场，顺应时代的发展，在互联网浪潮下开辟自身生存道路。体制不同，导致

效率上的差距，倒逼了传统媒体的改革。面对越来越多的竞争对手、越来越快的业态更迭和行业演化，将权力下放给更接近市场的基层管理者或一线员工，有助于提高组织的行动力和效率；打破固有层级结构，引入团队制、项目制等弹性机制，有助于提升组织的灵活性。总之，传统媒体原有单一的、缺乏灵活性的直线职能制组织结构越来越不适应当下环境和发展需要，扁平化、柔性化的组织变革迫在眉睫。①

媒体工作室的组建较为灵活，人数不多，作为相对独立的节目生产与运营单位，拥有自主立项的权利以及与之匹配的人事权、财权，实现了外部交易（沟通）的内部化，除了部分重大项目要向台长或分管台领导报批，绝大多数常规项目和节目都可以自主决策、自主运营，管理层级少、指挥链短，决策效率高、行动力强，具有了扁平化组织的特点，至少在组织局部实现了扁平化和柔性化。

广东广播电视台组建的工作室就是一种由专业权威或业务骨干组建团队，自主开展节目生产、项目运营和营销传播等活动的相对独立的运作机构。广东广播电视台从顶层设计的高度推进工作室改革，工作室几乎囊括了媒体所有专业工种和部门职能，不同专业背景的团队成员为了完成特定工作目标精诚协作，面对面交流，这样的工作环境能够激发每一位成员的创新灵感和工作积极性，加速解决各种棘手问题，提升组织运作效率，并且培育了团队个体的综合能力和多元发展潜力。

总体来看，广东广播电视台工作室改革的要点，基于组织层面分析主要包括以下内容：

（1）确保工作室运作独立性。工作室是台内广播电视节目生产中一种业务上相对独立运营的工作团队，由工作室负责人组建团队、进行相对独立运作。工作室在严格遵守并执行台里关于宣传管理、安全播出、内部管理等规章制度的同时，也享有独立项目的决定、项目运营、团队组建、薪酬分配、收益分成、财务审批等权利。

（2）发挥激励作用。工作室制本身是一种有效的激励机制，要充分激发台内人员创新创业热情，挖掘优秀人才个人或团队品牌价值，发挥业务精英或团队的示范作用，最大化地调动人才积极性。在激励手段上兼顾物质激励与情感激励，一方面强调价值分配和价值创造相匹配，分享创业成果，另一方面营造和谐、宽松的创新氛围，形成合作创业的向心力、使命感与成就感。

---

① 参见张惠建：《媒体融合背景下的组织扁平化探索——基于广东广电工作室的改革实践》，《新闻战线》2018年第1期。

(3)提升机制灵活性。工作室是一个外向型的团队组织,而不仅仅是台内节目的生产"作坊"。要充分发挥工作室团队作战"小、快、灵"的优势,打通传统体制和节目市场之间的障碍,适应快速变化的外部环境,快速融入市场,开展全媒体运营。

工作室机制已成为广东广播电视台内部最具活力的微观组织形式,通过盘活台内员工的组织管理机制极大地调动了人才创新创业的积极性。从这个角度来看,工作室可以说是广播电视台内最接近"企业"的组织形式,是"事业单位,企业化管理"的纵深推进。广东广电通过工作室建设,实现了与现代企业制度的对接——在制度上保证了工作室负责人的经营权和收益分配权,一定程度上解决了国有资产所有人缺位的困境,建立起了有效的激励机制,突破了传统体制与外部市场之间的障碍,有力地推进了传统媒体加快实现全媒体运营的转变。

案例二:新华社新时代背景下的组织变革

新华社围绕建设"国际一流的新型世界性通讯社"的目标,着力打造具有通讯社特点的融合发展新模式,努力形成既彰显主流媒体品格力量又符合新兴媒体规律特点的传播新格局。2016 年以来,新华社强力推进新平台的组织变革,积极探索,以互联网思维推进信息内容、技术应用、平台终端、人才队伍共享融通,迈出了新步伐,新闻报道的覆盖面得以有效扩大,影响力得到有效提升。

一、主体组织架构明确,积极调整供稿路线

供稿路线是通讯社为用户提供服务的基本载体,为更好履行新时期通讯社职能,在深入调研基础上,新华社制订了供稿线路改革方案,努力实现新闻产品和供稿服务"三大转变",即从主要满足传统媒体需求向满足全媒体需求转变,从单一、单向稿件提供向互动、交互发布模式转变,从单纯提供稿件向提供综合服务转变,实现国家通讯社核心职能在新媒体领域的有效延伸。2016 年上半年,启动改革,以新媒体专线为试点,整合优化全社供稿线路,着力搭建基于互联网的全媒体供稿库,构建面向各类媒体、满足多样需求的现代供稿体系。2016 年 7 月 1 日,推出升级改造后的新媒体专线,以互联网形态编辑、生产全媒体成品稿件并直达用户后台及前端,受到用户普遍肯定,升级改造后的新媒体专线发稿量同比增加了 40%。

二、加强内容创新，打造潮流产品

新华社主动适应新媒体智能化、移动化、个性化、数据化发展趋势，不断改进产品设计，优化产品形态，提高产品质量。精心组织以“现场新闻”“新华全媒头条”为代表的融合报道品牌栏目，建立并完善新媒体报道常态化策划机制，推出众多受众喜爱的产品，努力在平面媒体成为“镇版之作”，在网络空间形成“刷屏之势”。

2016年2月推出的说唱动漫《四个全面》，网上浏览量超过7300万人次，美联社、法新社等西方主流媒体纷纷转载。6月底，为迎接建党95周年推出的微电影《红色气质》被3000多家网站和客户端转载，网上浏览量突破2亿人次，迅速成为一个“现象级传播”的全媒体产品，34家国内电视台进行转播。微纪录片“国家相册”系列产品，依托新华社丰富馆藏图片资源，讲述老照片背后鲜为人知的历史，每周一期，在网络、电视台、移动端、户外屏幕等平台同步传播，截至2016年12月底总阅读量超过2.3亿人次。9月份，纪念长征胜利80周年大型主题网络直播《红色追寻》在新华网、新华社客户端及部分社会互联网平台同步呈现，观看人数超过1亿人次。“新华社特约记者太空日记”系列创意报道网上浏览量超过1.6亿，成为世界航天史和新闻史上的创举。各业务部门和分社逐步成为新媒体产品策划、制作主体，无人机报道、3D动新闻报道、数据图表、微视频等新闻产品实现了常态化生产、发布。

此外，新华社积极为产品创新提供全方位有力保障。2016年4月，新华社创建产品研究院，以产品创新推进融合发展；2016年5月，召开全社业务创新研讨会；推进新媒体源头端策划、采集生产机制；设立创新基金，对重点创新项目给予资金支持；修订了采编考核办法，突出影响力标准，推动更多优质新闻产品脱颖而出。

三、巩固升级组织平台，探索新型新闻生产模式

鉴于传统的采编流程已经无法适应全媒体传播形态的变革，新华社积极探索和尝试以融合发展理念对采编流程加以改造升级。2015年7月7日，新华社组建了全媒报道平台，由总编室牵头，全社9个部门派出人员共同组成。平台具有资源整合、融合加工、舆情监测、业务管理、影响力评估、远程指挥六大功能，文字、图片、视频、技术、网络等多个工种同台作业，围绕重点选题打造多种新闻产品。

作为推动资源整合、融合报道的抓手，新华社全媒报道平台于2016年推出“新华全媒头条”389组，实现了传统媒体平均采用超过100家、新媒体报道平均浏览量超过100万人次的“双百”目标。2016年7月，新华社对全媒报道平台进

行扩容、提质、增效，推动形成适应融合发展要求的体制机制，以此为牵引完成采编流程再造，实现内容产品从静态到动态、一维到多维升级，满足多终端传播和多形式体验的需求。

四、搭建“全媒组织”，建设“网上信息总汇”

2016 年 8 月 30 日，新华社与 100 多家中央和地方主流媒体共同签署协议，从新媒体采集、加工、传播等方面加强协作，在丰富新华社全媒体产品供给同时，探索新闻生产发布新模式，有效汇聚、分发其他媒体机构优质产品，实现合作共赢。新华社的全媒平台提供了强大的新媒体渠道，向成员单位开放全系新媒体终端；提供先进的新媒体采集、加工技术，免费开放基于移动互联网新闻生产场景的内容管理系统，开放“现场新闻”功能模块，实现新闻在线生产；提供新媒体运营支撑系统，提供稿件全网采用、传播情况和可视化版权追踪服务。新华社全媒体平台在实现第三方资源汇聚方面发挥了至关重要的作用，为进一步向 UGC 和 PGC 资源汇聚提供了有力保障。

此外，新华社还为人工智能时代的媒体发展献策献力。2019 年 5 月，新华社成立“人工智能时代媒体变革与发展”课题组，聚焦国内外媒体智能化发展情况，关注人工智能领域代表性科技公司的前沿进展。新华社通过调查国内媒体媒介融合的现状，分析当前的问题和机遇，并为国内传媒业在人工智能时代如何发展提供了对策和建议。

思考题：

1.中西方媒介组织管理的理念差异是什么？

2.大数据时代媒介组织变革面临怎样的机遇和挑战？

参考文献：

1.[英]露西·金-尚克尔曼：《透视 BBC 与 CNN——媒介组织管理》，彭泰权译，清华大学出版社 2004 年版。

2.周鸿铎：《媒介经营与管理总论》，经济管理出版社 2005 年版。

3.袁靖华：《媒介愿景论：媒介组织管理》，清华大学出版社 2009 年版。

4.李红艳：《媒介组织学》，中国传媒大学出版社 2007 年版。

第三章　媒介渠道经营与发行管理

传媒业中，关于内容和渠道谁是媒介竞争的制胜法宝的争论持续至今。“内容为王”曾是传统媒体竞争的唯一法宝，但随着互联网和新媒体的发展，内容的比重有所改变，渠道产业渐渐崛起。媒介渠道是媒介产品传输的介质和载体，也是传媒产品从媒介组织到受众之间连接的通道和环节，更是传媒产品达成销售的关键环节。有效的渠道管理不但能提高媒介产品的销售，而且会给媒介带来广告销售的提升，这对媒介组织的经营发展具有十分重要的意义。

第一节　基本理论概述

渠道在企业的市场营销中扮演着越来越重要的角色，在目前的市场竞争中，产品同质性越来越高，价格越来越接近，促销手段千篇一律，只有渠道绝非可以轻易模仿或复制。从营销理论分化而来的渠道经营理论，其研究范围随着学者对营销策略的关注以及技术手段的革新而不断扩展。互联网为人们提供了多种信息获取渠道，为适应新的传播格局，新的渠道建设是媒介经营变革的逻辑起点。

一、渠道的价值与媒介渠道

密歇根大学教授麦卡锡提出了著名的“4P”理论——Product（产品）、Price（价格）、Place（渠道）与 Promotion（促销）。其中 Place（渠道）是企业市场营销组合策略的一个重要组成部分。当企业生产的产品能够满足市场的需求，并且价格适中的时候，那么企业除了通过各种促销手段扩大产品的知名度之外，还必须借助一些通路，才能将产品以适当的方式和手段、在恰当的时间和地点准确地传递到顾客手中。渠道的使命就是把商品和服务从生产者那里转移到消费者手里，执行一系列重要功能并参与信息、促销、谈判、订货、融资、承担风险、占有实体、付款和所有权等营销流程。

（一）渠道价值研究

西方学者针对渠道的研究在早期主要以经济学为分析工具，把效率和效益作为研究的重点。他们从劳动分工的角度来看渠道，认为渠道职能专业化产生经济效益，同时营销机构能够通过集中和分配产品，有效地克服交换过程中的障碍和阻力，为生产者和消费者创造基本效用、形式效用、地点效用和时间效用，提高社会生产整体的效率。

后来随着市场环境变动的加剧，西方的学者们开始从一个宏观的视角研究渠道系统，提出渠道系统立体化和扁平化等观点，从点、线、面等方面综合考虑渠道系统，点——渠道中营销力量（人、财、物）在城市上所选择的关键点，线——渠道中商品流通的路线，面——"点"和"线"所构成的辐射范围和域面，三者在相互位置及分布形态上形成一个关联、聚集合理、高效的渠道系统。同时，学者们对传统金字塔的垂直渠道结构模式进行了修正，针对多变的市场环境提出渠道系统要扁平化和柔性化以提高效率和经济效益。①

到了20世纪80年代，交易成本分析成为研究渠道经营的主要理论。最初企业间的关系以竞争为主，当时企业为了自己的利益而采取了一种敌对的和机会主义的行为方式。但是随着企业间依赖程度的加大和经济全球化的到来，西方学者们认为渠道间的关系更多的是建立在组织间合作的基础之上，而不是权力和冲突。渠道合作就是渠道成员之间的合作，意指渠道成员为了共同及各自的目标而采取的共同且互利性的行为和意愿。为了实现组织间和组织内部的目标，渠道成员的共同行为需要资源—资金、专业化技巧、进入某一特定市场的能力以及与此相似的其他要素，而合作是对资源对等交换的一种期待。西方学者们认为，尽管组织间合作常因利益之争而以失败而告终，但是因合作而建立起来的渠道关系能够增加组织间的交流、协商以解决渠道内面临的问题。

20世纪90年代以后，一些欧美营销管理学家提出关系营销理论，对渠道关系的绩效、目的实质、生命周期进行了研究。介于渠道关系的重要性，学者们转而更加关注渠道关系的获得和维护以及渠道关系适用的情境。

---

① 参见吴小平：《西方营销渠道理论综述》，《商业经济》2005年第1期。

(二)媒介渠道

媒介的营销渠道,是指媒介产品或服务从媒体组织到达受众手中所要经历的环节和过程。它可以分为三种形式:一是媒介产品或服务从媒体组织直接送到消费者手中,例如广播电视节目、网络直接递送的报纸和杂志等媒介产品;二是将媒介产品或者服务通过发行商或者广告代理商的中介传到消费者手中,例如各种媒体组织的广告板块或时段;三是媒体组织将媒介产品或服务通过发行商或者广告代理商的中介,再通过零售商或二次代理商的转手,最终传到消费者手中,例如图书。

媒介渠道中包含着一系列相互联系、相互合作的组织、机构和个人,它们是构成媒介渠道的组成部分。媒介渠道通常包括四个组成部分:内容制作商、内容集成商、渠道供应商和受众。内容制作商是渠道的源头和起点,受众则作为消费者,是内容在媒介渠道运行中的重点和接收者。

媒介渠道的经营管理倾向于以营销渠道理论的行为学方法为理论基础,是基于行为和关系的营销渠道理论在传媒市场中的运用和延伸。因为媒介的公共产品属性使传媒营销渠道在构建过程中,不太强调渠道的效率和效益,而是强调渠道成员的行为和关系。

二、媒介渠道经营与管理的意义

任何媒介产品或者媒介服务都必须借助一定的媒介渠道得以展示给目标受众。因此,媒介营销渠道的选择也是影响媒介产品或服务发行状况的关键因素,在划分消费群体、制定媒介产品或服务的品牌时,也必须考虑到渠道的影响。

媒介的渠道对于媒介组织的市场营销有着重要的意义:

一是疏通生产者和消费者之间的阻碍。通过分销渠道可以疏通生产者和消费者在空间和时间上的阻碍,在媒体组织与消费者之间进行更加顺畅的媒介产品或者服务交换。另外,媒介营销渠道中的渠道商在与消费者接触的过程中,还能积累大量的信息资源,可以指导媒介组织生产出更适合消费者需求的媒介产品或服务,这样不仅提高了媒体组织的经营效率,还增强了消费者的价值感。

二是通过渠道使产品更加接近消费者。媒介产品和服务在分析其目标受众群体之后,需要选择合适的媒介渠道将产品和服务下放至受众,媒介渠道的多样化和差异性选择也可以对症下药,提高受众的关注度,增加到达率。媒介产品或服务只有让消费者看得到、接触得到，产品的市场占有率才会上去，否则，一切都是空谈。

三是共享渠道资源，节省交易成本。在营销的过程中，各种不同的渠道资源可以互利共赢，充分发挥渠道成员之间的协同作用：可以共享信息，使用物流基础设施，共同采购、配送、内部融资等。通过渠道成员的合理分工，能大大提高销售的速度，拓展销售空间。

四是规避市场风险。鸡蛋不能放在同一个篮子里，媒介渠道的选择也是如此。由中间商承担一部分的渠道功能，与他们结成伙伴关系，可以分担一部分的风险，包括市场开拓风险、仓储风险、运输风险以及资金风险等。

五是可以作为企业的无形资产。这需要给予渠道跟品牌资产同样的重视度。一些跨国公司在这方面就做得非常好，他们通过兼并、合资的方式去享用一些名牌企业已经建立起来的分销网络，大大促进了自身的发展。

三、不同媒介的渠道与发行

媒介的各类产品有着不同的属性，而这些不同的属性决定其必须采取与之相应的渠道，包括虚拟渠道和实体渠道。对于媒体集团来说，跨媒体、跨行业的经营战略使得他们的产品品类非常丰富，既有传统的媒体信息产品，又有实体产品（包括建立在信息产品基础上的、建立在品牌基础上的实体产品等），信息产品自然要依托于传播媒介，而实体产品则可以在销售一般商品的实体渠道中营销。下面对各种不同的媒体产业进行具体的分析。

（一）报刊业的渠道发行

报刊业的产品一般都是通过报纸、杂志、书籍这种传统载体与受众沟通，但是随着网络时代的来临，报刊业的信息产品更需要通过网络传播给受众。

报纸作为世界上最早的媒体，在最初的形成阶段并不是每天出版的日报，而是以周或者月为周期来出版的周报或者月报，而报纸的内容更像是广告。比如在西方，有外出的商船在航海中带回来的商品，通过报纸传播商品信息，让需要的人们前来购买，这就是最早的大众传媒的商品，即广告。后来，报纸除了刊登广告信息之外，还开始发布政府的行政命令、宗教信息等。于是，这种信息便成为报纸的商品。经过一段时间的商业运作，广告信息和新闻信息逐渐分开。多数阅读报刊的人花钱购买的是报纸上的新闻内容，当然也有少数人是因为需要广告信息而购买报纸。如此一来，广告和新闻内容都是报纸的商品。广告，对于读者来说是可获取的信息，对于广告主而言，却是他们与消费者交流的渠道，是推销自己的商品的渠道。可见，商品渠道即广告版面也变成了广告主和报社之间的可交易的商品。

对于报刊来说，可以出售的商品分为两种：一是售卖内容，即新闻、小说、图片等可以供人们阅读和获知的具有新闻性、时效性等特性的信息。大多数读者花钱购买的就是这些内容。二是卖版面给广告主。广告主可以在报刊上刊登自家商品的广告，读者在购买报刊后，会不知不觉地阅读到上面的广告内容，并且成为这些广告的潜在消费者，同时增强了品牌输出，提高了品牌知名度。所以，报刊业的经济收入有销售报刊所获得的利润，同时也有其广告收入。

随着互联网时代的到来，与传统广播、电视等电子媒体相比，报刊等平面媒体由于其内容和传播渠道的单一僵化首先遭到巨大的冲击。面对生存压力，报刊等传统平面媒体纷纷寻求变革，开始成立自己的网站，随着电子报出现，开始了互联网时代的新型销售模式。报刊业随着其商品范围和渠道不断扩充，宣传的影响力也不断地提高，逐渐掌握了自身独特的宣传优势，通过整合营销，本身具备的商品可以通过不同的渠道和载体进行再出售或者整合出售，不断获取利润。

（二）电影业的渠道发行

一百多年前，电影的出现为人类带来了一种新的传播载体。对于电影业来说，它的商品就是电影。电影的利润来自票房收入。电影公司制作电影拿来出售版权，电影即是商品。早期的电影的商品只是停留在电影这一商品形式。此时的传播渠道是电影院线。以传媒业最发达的美国电影院为例，早期电影院由电影公司经营，电影院里还出售供人们看电影时消遣的饮料、果汁、零食等，如爆米花、可乐、糖果等，为电影院和电影公司获取附加的利润。

后来，随着电影业的蓬勃发展，电影开始发展出了很多不同的商品。比如，电影演员，最开始是由电影公司发掘，后来出现了专门管理演员的演艺经纪公司，演员作为一种“商品”，通过做代言人、广告、拍片以及参加各种商业演出活动等，为经纪公司赚取利润。

进入录像带时代，BETA、VHS、LD、VCD、MD 乃至 DVD、EVD 等成为电影业的新商品和新的盈利点，商品散布的范围更广泛，让电影这个原本只能在电影院观赏的商品开始走向更大的市场。电影从电影院走进了普通家庭的小家庭“影院”。音像制品租售门店成为其营销的实体渠道。另外，电影的剧本还可改编成书和画册出售，通过和出版业的合作，进一步推广其电影。

电影发展早期主要是在电影院与受众接触。随着发展，演员作为电影业的品牌产品，还会在各种场合和活动中曝光，后来技术的发展则让电影DVD可以在音像租售店直接面对受众。而随着营销模式的日益成熟，电影业逐渐出现了跨媒体、跨行业的经营趋势，以某种电影品牌为依托的纪念品、玩偶、主题公园、音乐剧、书、杂志等在延伸电影品牌价值的同时也获得了更多与受众接触的新渠道。由此可见渠道经营对电影业发展的巨大意义。

（三）广播业的渠道发行

无线电使得声音的传输得以实现。广播是靠声音来传播的，而声音的魅力在于，它不仅传播了信息，还把这些信息融进了传播方的认识，从而为人们理解、接收信息提供帮助，并加以引导。主持人主持节目的风格，对节目的把握，能大大增强节目的吸引力。他们对稿件的再创造、再提高，能对听众认识、理解、接收信息产生很大的影响。此外，由于广播以声音为传播特色，受众可以不受年龄大小、文化程度高低的限制，具有听觉即可听广播。而且广播还有可移动性和便携性，人们可以随时随地从广播中了解最新的信息。

广播是以无线电波为传播渠道，看不见也摸不着，只有听觉，因此，它能出售的商品无法和电影电视这类集合视听传播为一体的大众传媒相比。尤其在网络新媒体的冲击下，广播的生存日益艰难，渠道变革变得极为迫切。

广播与移动互联网的结合，意味着广播已经进入3.0时代。从“硬件”来看，家家户户抱着一个小收音机在固定的时间收听固定的广播节目的年代，应该是FM1.0时代。随着电脑的普及，随之而来的是PC端的网络收音机，就是FM2.0时代。渐渐地，龙卷风的时代被各种电台客户端（App）替代，例如喜马拉雅听书、蜻蜓FM、荔枝FM，这也意味着我们进入了FM3.0时代。从“软件”来看，FM1.0时代，由于技术的局限，传播内容的话语权在电台手上。FM2.0时代在这方面有所突破，听众可以选择性地收听，但仍然是电台输出内容。到了FM3.0时代，不仅出现了很多草根播客，还利用大数据达到了内容和受众的细分，传播内容更加专业化、个性化；并且还添加了社交元素，受众可以随时随地分享，电台也根据受众数据来列出榜单等。[①]

在互联网络与媒介融合的张力驱动下，广播主动向碎片化、个人化、社交化的制作理念转变，广播音乐节目、广播真人秀、广播脱口秀等各种具有时代性的广播综艺节目形式不断衍生，同时对传统综艺节目进行形态重塑，表现出更强的整合性、互动性。

---

① 参见柴子凡、满霜、李静：《变局与变革：广播综艺的融媒张力与形态重塑——2015年中国广播综艺节目年度报告》，《中国广播》2016年第2期。

(四)电视业的渠道发行

电视的发展随着科技的进步经历了不同的变化,同样,电视商品也随着电视的发展产生变化,不断丰富。从无线电视到有线、卫星电视,电视的信息产品与受众接触的渠道便是各家电视台所拥有的频道。而随着电视业的不断发展,衍生产品的增多以及跨媒体、跨行业的经营,电视业的渠道也随着增多,并向实体发展。

此外,现如今新媒体得到了十分迅猛的发展,给如今的电视媒体带来了诸多机遇和挑战。面对新媒体的冲击,电视媒体要清楚市场发展的情况,积极主动地与新媒体融合,研究适合自身传播发行的多元新型渠道。电视媒体可以采用通过一次性的信息收集,以多种形式的信息生产模式,再以多种多样的媒体进行传播,这样可以增加电视媒体信息生产传播的效率,让更多人通过渠道了解到电视媒体。比如通过微博、微信公众号、网络电视台等这样的新媒体形式增加电视媒体的传播渠道,将最新的品牌进行共享,让用户能够第一时间通过自己喜欢的方式了解到电视媒体产品及服务信息。

(五)新媒体业的渠道发行

基于互联网强大的传播功能及其拥有的更为广泛的人群,根植于互联网的新兴媒体层出不穷,新闻门户网站、网络视频网站、以微博为代表的社交类媒体、以微信为代表的即时通信软件,这些网络新媒体的出现完全打破了原有的市场格局。从技术角度来看,新媒介实现了前所未有的传播功能,对既往的媒介在传统技术和功能上实现了质的超越。① 互联网技术以数字化的方式将整个世界纳入数字化的框架中,网络媒体的形态和功能具有标志性意义。

自从有了互联网,互联互通、无边无界的网络世界就形成了"地球村"的概念,通过计算机、光纤电缆和调制解调器,整个世界被紧紧地包裹在一起,不分时间、不分区域。在信息技术的帮助下,全球信息共享、精确定位,尤其是接收终端和移动互联网的不断发展,人们已经不再受电视、广播、报纸等传统媒介的传输终端限制,随时随地通过一部手机就能上网、发送邮件、发表评论,人人都是自媒体,信息的传输效率和速度大大提升,每一条新闻、每一个重要信息都能在第一时间传播到世界的各个角落。

基于互联网平台形成的不同方式的阅读和视听媒体,如手机电视、IPTV、数字电视、移动电视、移动社交等等,已经形成了庞大的受众群和相关经济产业。这些新型媒体最初和其他传统媒体一样,最初的商品也只是停留在广告

① 参见吴小坤、吴信训:《美国新媒介产业》,中国国际广播出版社 2009 年版,第 3 页。

上，渠道便是广电网络和电信网络。而涌现的户外视频媒体，例如地铁电视、楼宇电视，便是利用在地铁空间和楼宇中“圈地”来获得极具优势的地点，安放液晶显示屏，以此作为与特定受众接触的渠道。

随着移动互联网技术和5G等新一代信息基础设施建设的飞跃式发展，新媒体的发行传播渠道变得更加多元，出现了跨媒体、跨行业融合的趋势。从结果来看，融合已经产生了并且还将继续产生许多新的媒体形态，除了人们已经熟悉的网络媒体、移动媒体和数字电视以外，还有因为文化聚集，局限在某一场域内的场域新媒体的微型综合传媒系统和用来精准投放的角落新媒体等。

融合也诞生了新的新闻业务，比如传统媒体的新闻网站、博客、手机报纸、手机电视、移动电视等等。融合还产生了新的表现形式，如动漫新闻、多媒体的新闻。用户与媒介的互动，极大地释放了消费者的积极性和主动性，充分调动了消费者的创造性，促进了传媒产业的健康良性发展。

第二节　典型案例分析

案例一：《广州日报》连锁店：“中国式的‘报纸专卖店’”

身处改革开放前沿的《广州日报》，依靠其独具优势的发行模式，曾在全国报业市场上创造了诸多第一。在崭新的社会发展语境中，广州日报报业集团积极探索媒体融合的多种路径。其中《广州日报》连锁店式的发行模式被业界称为“中国式的‘报纸专卖店’”，利用连锁店开展“报刊发行网络的综合利用”，为自身赢得了新的经济增长点。它代表了报刊发行的一个方向，即将报纸发行网络作为一个平台，综合利用并向城市物流业发展。[①] 其别具创新性的报纸发行经验值得业界学习和借鉴。

一、采编环节的内容变革

《广州日报》作为广州报业集团的优势产品，在集团中发挥着核心平台作用。集团通过战略性资源的整合和生产性资源的配置，大幅提升《广州日报》的

① 参见王放：《中国式的“报纸专卖店”——广州日报连锁店》，《新闻记者》1998年第8期。

产品品质和市场运作能力,达到了国内领先水平。[①] 在采编环节,《广州日报》一路领先,为读者提供了品质一流的新闻和内容服务。

(一)报纸的扩版与改版

根据社会发展和市场需求,《广州日报》率先不断扩版,增加报纸的内容和广告容量,从最初的对开4版,发展到目前的日均对开56版。《广州日报》坚定不移地以扩版作为创新的突破口,在一次一次的扩版实践中,逐渐领会到扩版对于整个报业产业化发展所带来的良性发展效应。

在扩版的同时,《广州日报》还不断进行改版,调整版面定位,细分信息内容,将信息和新闻进行优化组合,保证信息的数量和质量同步发展。《广州日报》在国内率先引进国外报纸的多版组模式,将丰富的信息进行科学细致的整合梳理,形成秩序井然、层次分明、特色鲜明的信息结构。报纸的每一叠、每一个版块、每一个版面、每一个栏目乃至每一篇文章都有清晰的内容定位和读者定位,都根据读者阅读需求来写作、编排和组合,形成"大众报纸,分众格局"信息组合模式。在版面形式上,强调视觉美感,以雅致、大气、清新的风格,给读者带来惬意愉悦的阅读体验。

(二)内容的及时与丰富

报纸的不断扩版和改版推动了采访、报道和策划等环节的革新。《广州日报》不断拓宽采访领域,丰富报道内容,进行精彩策划,扮演好"上传下达的角色",发挥自己及时传达政府政令、社情民意,全面反映改革风云、社会进步,详细记录民生百态、城市万象的作用。《广州日报》倡导记者"深入生活,深入社区,深入市民",深挖本土新闻资源,突出地方特色。同时,又不局限于本地新闻,而是以本土化追求、全国化关注和全球化视野不断拓宽报道领域。《广州日报》在珠三角地区设立记者站,报道的触角遍布南粤大地。对于国内国际的重大新闻事件迅速派出记者亲赴现场,采集第一手的鲜活信息,以保障内容的新鲜和真实。

《广州日报》创新内容报道形式,除了提供简短的消息以外,更注重提供精巧的新闻故事、深入的新闻分析以及独到权威的言论。《广州日报》还顺应社会发展需要和读者阅读需求,配合党委、政府的工作,创意策划推出众多精彩的新闻报道和版面。如1997年97版的"香港回归"特刊以及2000年200版的"新世纪"特刊创下报纸出版的历史纪录。如今,新闻策划已经成为《广州日报》日常

① 参见窦丰昌:《新闻采编转型:报纸全媒体转型的路径选择与盈利模式——从广州日报社设立中央编辑部说起》,《青年记者》2015年第7期。

新闻运作的重要环节，几乎每天都有精彩的策划见于版面。

（三）全媒体融合平台的组建

2014年12月1日，广州日报报业集团全媒体编辑部正式成立运行。作为中央厨房式的全媒体数字化采编部门，全媒体编辑部由《广州日报》夜编中心、全媒体中心（含数字新闻实验室）、音视频部以及大洋网等组成，主要承担新闻的组织策划、内容采集、信息集成、把关发布等职能，包括《广州日报》官方微博、官方微信、新闻客户端、大洋网等新媒体产品的维护与更新，以及《广州日报》主要新闻版面的编辑工作，是集团推进媒体融合发展的中枢平台。围绕崭新的全媒体一体化平台，广州日报从组织架构、业务流程、产品整合等多个方面进行了配套改革。

广州日报报业集团按照中央推进传统媒体与新兴媒体融合发展的战略部署，以及省委、市委宣传部门关于媒体融合发展要“盘活存量，做强增量”的指导原则，形成了“建设枢纽平台，构建融媒方阵，打造拳头产品”的工作思路，构建起了“报刊＋网站＋移动端”的全媒体矩阵和立体传播格局，并以此为依托不断拓宽党媒渠道，讲好广州故事，传播广州强音，引领网上舆论正能量，凝心聚力服务好广东省和广州市的中心工作，为广州国家中心城市建设全面上水平和城市治理能力和治理体系现代化鼓与呼。

《广州日报》“两微一端”、“广州参考”App、《广州日报》大洋网等针对宣传推介广州城市形象，联合推出了一系列主题策划。比如，广州参考App定期推出“广州靓爆镜”专辑，通过一组组靓照来展现花城的生态美景和城市魅力。《广州日报》官方微信以别出心裁的包装手法，推出了“广州最新简历”创意报道，吸引了40多万粉丝进行点击。这个创意也被全国不少城市主流媒体借鉴，用来宣传报道自己的城市形象。

《广州日报》通过借力新媒体全媒平台，品牌价值迅速提升。2019年，人民网研究院发表了《2019全国党报融合传播指数报告》，统计数据显示，《广州日报》融合传播力居地方党报首位。《广州日报》平均每期读者规模577万，数字报累计用户超过1000万，《广州日报》官方微博粉丝数超过1500万、微信公众号粉丝数超过150万、“今日头条”号粉丝超过165万，官方微博文章平均阅读量、微信公众号传播力双双稳居地方党报第一。《广州日报》客户端总装机量超过2800万，《广州日报》全媒体矩阵“广州＋”吸引了近500家政府机构、教育、医疗、社会团体新媒体公众号入驻，成为广州专业媒体、政务媒体、机构媒体的聚合平台，新闻内容的传播力、影响力和舆论引导能力显著提升。

二、营销发行的策略创新

《广州日报》在报纸营销方式上也独领风骚。《广州日报》开党报之先河，完全依靠市场机制发行[①]，整合创新报纸营销的每个环节。

(一)对读者需求的重视

《广州日报》坚持以卓越的品质来吸引读者，并把此作为营销的基础。一方面，《广州日报》坚持保持较低的售价，在扩版扩容的同时，保持价格的稳定性，将报纸版数与价格的比例保持在适当的水平，尽量维持读者物超所值的购买体验。另一方面，《广州日报》在内容提供方面着力尊重读者的阅读需求，保持报纸日常出版的高品质，打造丰富又有深度的新闻报道。如，为符合广州市民喝“早茶”的生活习惯，同时适应都市生活方式的现代化需求，《广州日报》实行“早报战略”，在早读人群中创造了一个新的市场，避开了当时的竞争对手在晚报市场上的领先优势。

此外，《广州日报》还注重利用重大新闻事件的成功报道来作为下一步营销的基础，利用策划成功的新闻报道的读者基础来进一步进行巩固营销。如，1997 年“香港回归”特刊、2000 年新世纪特刊、“9・11”事件专题报道等取得了巨大成功，《广州日报》知名度得以大幅提高。《广州日报》利用这些专题报道来拉动其报纸发行量，取得了立竿见影的显著效果。

(二)发行销售网络的扩展

一是《广州日报》在广东率先建立自己的发行网络，形成有 3000 名员工的投递网络、覆盖广州乃至整个珠三角地区的 70 多个发行站点的收订网络、180 辆运输车的运输网络和 80 多万订户的客户网络，巨大的网络规模、密集的区域覆盖率，确保每天早上 7:30 以前将报纸送到读者手中。

二是借鉴国外报业的发行经验，在国内首创报业连锁店的模式，广州和珠三角地区设立众多连锁店，在报纸收订和品牌推广的过程中发挥了重要作用。

《广州日报》报刊发行连锁店的模式，借鉴了日本专卖店的经验。它起到以下两个方面的作用：一方面把报业集团生产的商品与服务推向社会，另一方面把市场最新的信息收集反馈回来。

广州日报建立连锁店的目的，起初是想建立报纸收订与零售网点，把发行量搞上去。但随着连锁店经营规模逐步扩大，现已经成为广州日报报业集团下

---

① 参见方仁：《新型党报别开洞天——访广州日报报业集团总编辑薛晓峰》，《传媒观察》2004 年第 7 期。

的一个独立核算、自负盈亏的经济实体。连锁店既是报纸的零售点，又是零售报的批发点、读者订报的订阅点，还可以做图书的发行点。除了发行工作，连锁店还销售与文化相关的系列商品，代理报纸分类广告，开展“宅之便”服务。读者所需要的服务，连锁店都尽可能地提供。如为读者有偿送米、面、油等生活用品；代印名片，开展店面 POP 广告宣传以及新产品展示；代办民航、铁路订票业务，代订宾馆酒店客房，代办旅游服务，代售电话磁卡；举办文化讲座与专题培训，还为培养后备力量开设连锁店培训学校等。

三是整合利用各种手段促销。首先，有效利用直接促销的手段。《广州日报》首创推出“洗楼”收订、“送报上楼，兼赠报箱”、“先看报纸，月底收费”等系列直接促销服务。其次，进行品牌形象推广，包括户外广告，列车、豪华邮轮冠名，连锁店、会展形象展示等多种形式。最后，通过举办各种活动，提高社会影响力，加强与读者沟通。例如，深入社区举办“街坊论坛”，密切了与基层群众的关系。

（三）广告收入模式的多元

在高品质内容、发行优势以及由此带来强大传播影响力的支持下，《广州日报》在广告经营中始终保持领先地位，建立了多元的广告收入模式。

一是《广州日报》率先在国内推行广告公司代理制，与各广告公司建立和保持良好的战略联盟关系。《广州日报》近 95％的广告是由广告公司代理的。①

二是在国内率先开发分类广告，大大地提高了广告效率。采取灵活的经营手段，在分类广告的经营中一直保持领先地位，吸纳大量与广大市民生活工作息息相关的分类广告，给市民提供了很大便利。既获得了广告效益，又增加了报纸的信息量，增强了服务性和贴近性。

三是创建俱乐部会员制，把俱乐部作为交流平台，让广告主同行之间、企业与消费者之间顺畅沟通。根据不同行业的经营特点和广告需求，设立许多特色鲜明的专刊、特刊、专版和专栏，开发培育了诸多融实用信息和广告传播于一体的品牌载体，如《求职广场》《旅游》《房地产》等。

四是依托《广州日报》的强势品牌影响力，主办和承办了一系列具有广泛影响的社会活动，如“中国人力资本管理大会”“十大餐饮明星企业评选”等。广州日报报业集团与中国广告协会报纸委员会等共同主办了“中国报纸优秀广告作品《广州日报》奖”评选活动②，连续十多年评选平面媒体优秀广告，在业界形成了很大的影响力。

---

① 参见巫穗生：《以服务为主导的代理制》，《声屏世界》2002 年第 4 期。

② 参见赖剑修、邹峻：《中国报纸优秀广告作品广州日报奖昨在穗揭晓》，《中国广告》1999 年第 3 期。

三、产业链的延伸与扩展

广州日报报业集团以不断创新壮大的《广州日报》为核心战略平台，发挥强势主导媒体的优势资源吸纳作用和核心能力扩散效应，将报业产业链进行纵向延伸和横向扩展，形成一个以报业为核心，协同发展的大型传媒产业联合舰队。

广州日报报业集团积极探索，全面系统创新报业集团化运营模式，以观念创新为先导，战略创新为主导，内容、版面、营销、经营等系列创新为支持，创新价值链和优化产业链，从而实现做强做大的目标。

(一)纵向延伸

在报媒的垂直价值链中，各环节是互相依存的。任何一个环节出问题都将影响报媒的整体运行。比如说，报纸的内容如果没有被传递给受众，它就毫无价值。如果发行渠道没有可传播的内容，也就没有价值。

《广州日报》在实行自办发行之前，报纸的发行很大程度上是依靠邮局来完成，使得这一重要环节与前两个环节发生了脱离，严重影响了报纸到达受众的效率。而这对于以时效性为重要卖点的报纸来说，其对受众的相对价值大大降低。更为严重的影响是将导致订阅用户下降，从而影响报纸的广告收入。《广州日报》充分认识到这一点，从 1990 年年初开始，《广州日报》便开始自办发行，花重金打造了一张巨大的发行网络，组建了一支强大的发行队伍，来完成这一重要的主产业链下游环节的打造。

在发行环节建设过程中，发行的扩张进一步开拓了读者用户数量，随之带来了报纸发行量的急剧上升，再加上“厚报时代”逐步来临等因素，这对《广州日报》的印务能力提出了更高的要求。《广州日报》先后投入十几亿元人民币，打造了亚洲最大、最先进的印务中心，具有世界一流的印刷水平和印刷能力；同时外接许多报刊印刷业务和商业彩印业务，扩展自己的印刷产业链条。

(二)横向扩展

横向扩张是价值链拓展的一种主要方式。报媒横向扩张最大的优势在于产生范围经济。当同时生产两种或两种以上产品的费用低于分别生产每种产品所需成本的总和时，这种现象就被称为“范围经济”。只要把两种或更多的产品合并在一起生产比分开来生产的成本要低，就会存在范围经济。对于报媒来说，其内容采编的成本在第一次传播完成后就已经产生。若能在更大范围、更多渠道进行获利性传播，那么原先产生的采编成本就可以被更多传播活动分摊，从而产生范围经济。广州日报报业集团主要从以下三方面入手，对产业链进行横向拓展。[①]

一是整合系列子媒体，实现内涵式发展。一方面巩固发展已有的优势产品；如《南风窗》《足球》等。另一方面通过市场调研，对部分报刊进行重新定位，准确把握市场。如将《番禺日报》《增城日报》这两个县级党报重新定位为社区报纸，将《信息时报》由专业化的经济类报纸调整为综合性的城市新锐日报。《信息时报》原本是一张经济效益和影响力较为一般的经济类报纸，在 2000 年 5 月并入集团以后，通过对其进行重新定位，合理配置人才，并在版面内容上进创新，实现资源优化与整合再造，将其打造成了一份都市前沿的综合性报纸，使《信息时报》获得了跨越式的发展。另外将部分报刊进行优化组合，重新确立报纸发展方向。如将《广州商报》改为专为中小企业服务的《赢周刊》，将以科学内容为主打的《科学先驱报》改组为篮球专业报纸《篮球先锋报》。改建后的《篮球先锋报》，充分利用《足球》报的经营团队、发行和印刷网络，引进优秀的新闻采编人才，已成长为报业市场占有率排名较高的体育报纸。

二是推行战略联盟与强强合作策略，实现报业集团的外延式扩张。《广州日报》本身开始尝试走向世界，先后与香港《星岛日报》联手创办了《广州日报》澳洲新闻版，与《明报》合作出版《广州日报》北美专版。广州日报报业集团与上海文广新闻传媒集团、北京青年报社强强联合创办跨地域、跨媒体的主流财经报纸《第一财经日报》；与广州地铁总公司联合创办《地铁报》。广州日报报业集团还与移动运营商合作，开发《广州日报》《信息时报》的手机版，尝试开发新的传播平台。

三是审慎选择，积极开展多元化经营与资本运营。除了报刊主业经营以外，还涉及房地产、酒店、图书出版、物流配送等相关行业。广州日报报业集团通过资产置换方式入主三板上市公司清远建北（集团）股份有限公司，调整业务方向，注资彩印公司、连锁店等优质资产。随后易名为广东九州阳光传媒股份有限公司，已于 2007 年申请主板上市。广州日报报业集团还尝试多渠道融资，如支持鼓励《赢周刊》引进社会资金；积极引进国际战略投资者，吸收国外先进的传媒运营经验，将报业产业化发展推向新阶段。

四、《广州日报》经营发行模式的优势与局限

广州日报报业集团自主开拓出一条基于市场的报业集团化运营之路，系统创新报业运营模式，改变了整个广州乃至珠三角地区的报业市场格局。

---

① 参见曹明：《广州日报报业集团产业价值链研究》，江西师范大学硕士学位论文，2011 年。

（一）广州日报模式创新的优势

广州日报报业集团的创新是全面的、系统的，既包括集团层面观念创新、战略创新，也包括不同部门和子报子刊的业务战略创新，还包括一线员工的采编、广告、发行等具体操作和执行环节的创新。可以说，广州日报报业集团的创新是集团不同岗位的员工的知识、技能整合的结果。以组织整合为基础，财务投入为保证，战略创新为导向，为广州日报报业集团成为创新型报业集团提供了强大的组织支持。

广州日报的经营与发行模式的创新也推动着其市场定位的变革。多维度多方位的准确定位，确立了《广州日报》在新的市场环境下的发展坐标。

性质定位：市场经济条件下的新型党报。

功能定位：喉舌功能与新闻、信息服务功能的有机结合。

品牌定位："追求最出色的新闻"。

读者定位：提供全面丰富的信息服务，综合覆盖各个层次读者。

区域定位：立足广州，密集珠三角，覆盖广东，影响全国。

时间定位：每天"与太阳一起升起"的早报。

广告客户定位：为不同需求的广告客户提供强势的传播平台和个性化的服务。

《广州日报》的精准定位，为采编、发行和广告等关键价值链环节的不断优化创新提供了指引，塑造和形成了多点优势支撑的综合竞争能力。

（二）广州日报经营模式存在的问题

如今报业发行连锁店的经营模式正在为越来越多的国内报业集团所效仿，如安徽日报报业集团和黑龙江日报报业集团。总之，广州日报报刊发行连锁店模式是值得关注和学习的对象，它在我国报纸发行上是一次有意义的尝试和突破。

但也必须看到《广州日报》自身存在的问题。其主要的局限为：一是仅仅局限于售卖本报业集团的报纸，由于经济利益以及竞争的因素，本地的其他报业集团同样也必须拥有自己的发行网络，造成社会资源的重复配置。二是它只能解决报纸本埠发行的问题，外埠发行依然依靠其他社会力量，难以形成持续性的影响。三是这一模式要求该模式采用者拥有雄厚的资金投入来运作众多的连锁店，当然同时也必须有较好的管理力量来有效调控该发行网络。

《广州日报》作为一份极具地方特色的报纸，其开创的经营发行模式值得业界学习和借鉴，但所存在的局限性也必须得到应有的重视和妥善的解决。如此，《广州日报》才能一直立于不败之地。

案例二：融媒体背景下的东方卫视《女神的新衣》渠道营销

2014 年 8 月 23 日，东方卫视力推的新娱乐节目《女神的新衣》首播，并在一众热门娱乐节目中脱颖而出，成功吸引了不少观众的眼球。《女神的新衣》作为国内首档明星跨界时尚真人秀节目，自开播之日起便被冠上了“颠覆者”的头衔。节目“24 小时制衣＋T 台秀＋竞拍＋电商预售”的模式将电视综艺与电商产业密切结合，极具话题性与正面传播价值。

如今，融媒体下的模式变革已由一种趋势逐渐转化为现实。传统媒体纷纷投身与新媒体的合作大潮中，以期实现媒体渠道转型。电视娱乐节目这一传统的节目类型也同样面临着“不改不活”的境况，在这方面，东方卫视首播的《女神的新衣》提供了一个很好的案例。

一、融媒渠道的营销变革

《女神的新衣》历时两年研发，自主创意、全新模式、超强制作等让这档节目几个月间红遍了综艺荧屏、网络视频、社交媒体等各大平台，节目首播便取得 CSM34 城 1.45 的高收视率，第四期更是高达到全国 34 城 2.04。[①] 它对于国内现阶段电视综艺娱乐节目的变革具有更是颠覆性的意义，其所克服的巨大挑战——创新突破的难度、制作呈现的难度、观众与市场的难度等等更是证明了“颠覆者”的价值，而其制胜点就在于融入节目中的许多创新性的举措。

（一）双平台对接，打破传统电视娱乐节目的价值逻辑

当下，国内电视荧屏上呈现得更多的是版权引进节目，以及在原有综艺模式的基础上进行继承与创新的节目。虽然各有卖点，但仅仅在极小领域和层面的创新会让观众快速产生审美疲劳，也因此会快速消耗掉一档甚至一类综艺节目的活力。

《女神的新衣》在电视节目电商化上进行了大胆的尝试，真正做到了电视与电商的无缝连接，建立了“电商＋电视＋移动 App”融合创新的新模式，即电视到互联网、电视到 App、内容到电商的节目模式，打通了线上、线下的产业链。具体包括以下几个方面：一是将节目内容转换成可以售卖的产品，实现商业价值；二是将电视观众与明星粉丝转换成了产品买单用户；三是将电视的收视率转换为产品的电商网站的流量，完成了商业价值的认证；四是通过电视移动终

① 参见张永鹏：《〈女神的新衣〉开启跨界营销新模式》，《活力》2014 年第 21 期。

端、PC端的融合互通，解决了从观众到消费者间转化时遇到的分流问题。[①] 每一期明星女神与设计师根据节目主题设计出的"新衣"都是符合结合市场需求的产品。每一款衣服都是随着节目的推进逐渐被设计师与明星携手原创出来的，衣服在播出竞拍版权之时在天猫独家体验平台同步上线，观众在观看电视的同时扫描屏幕上的二维码即可进入购买页面，开创了"即看即买"的新模式。这种电视电商与移动终端的融合模式体现在整个设计、竞拍与售卖环节都是以用户的需求为本，符合现代消费者快节奏的生活方式，更容易让人接受。

（二）颠覆传统品牌植入的营销方式

现在，电商用户的经营已不只是单纯的入口之争，作为《女神的新衣》投资方与制作方的蓝色火焰洞悉到了电视与电商中"看不见的手"，电视善于抓住用户，电商擅长欲望转化，既让品牌代表的买手成为节目制作的重要参与方，最终将用户流量二次导入品牌商家，实现品牌的反向营销。

"买手模式"是电商深度介入节目的一种体现。当买家当场拍下新衣，天猫网店即刻上线，观众左手控制电视遥控器的同时右手就可以运用明星衣橱App将心仪的女神同款买到手。而明星衣橱作为《女神的新衣》官方唯一互动平台，通过在节目中的口播与观众互动，并引导观众下载App。观众在明星衣橱的"女神专区"中进行社区交流，同时也能通过购买链接提示，直接购买电视中播出的明星设计款，从而达到了"即看即买"的目的。

据悉，参与节目的四大买家在投入上均达到了千万级别。但对于品牌方来说，无论是茵曼、朗姿，还是ASOBIO和伊芙丽，他们通过深入参与一档电视节目实现了名利双收，这是在以往单纯投放电视广告的效果上进行了升级。各品牌方大多是集生产、设计、开发、运营于一身的品牌企业，他们除了参加节目录制外，也在设计师"24小时制衣"期间提供了很多帮助，比如面料及辅料选择。而通过参与节目他们也真正走到了幕前，感受了一次"快时尚"。

数据显示，《女神的新衣》开播以来，节目中的四大买手总销量近10万件，其中单品最高销量达1万件。在首播当晚三小时内，茵曼的访客数量增长了427%，且来自移动端的访问量占比均在50%以上。伊芙丽则在开播当晚和次日攀上了日均访问量100万的小高峰。[②] 而凭天猫商城"触电"的线下时尚品牌

① 参见何芳：《媒介融合背景下广播电视节目的创新方式——以〈女神的新衣〉为例》，《新闻爱好者》2015年第6期。

② 参见卡西：《〈女神的新衣〉：如何玩转电视＋电商模式》，2014年11月2日，http://b2b.toocle.com/detail-6207930.html。

ASOBIO初尝甜头，借《女神》的东风狂揽7347单。朗姿借“女神”款大吸“新粉”，新客占比达46%，稳妥为品牌再造新血，轻松刷破千万元销售，达1125万元。

(三)以媒体融合为方向，寻求多元合作

过去，娱乐和时尚结合的电视节目有不少，甚至在与电商结合方面进行了一些初探，比如《我是大美人》《美丽俏佳人》分别和嗨淘网、乐蜂网来合作。但这些节目针对的人群偏小众，在节目呈现方式上仍然停留在科普和教学的阶段，并没有和消费者形成有效的互动，在刺激消费方面相对偏弱，电商的角色更像是广告商。《女神的新衣》这档节目在制作前期也遇到了此类难题，如何将相对小众的时尚节目变成大众更实用性的节目是他们首要思考的问题。于是，《女神的新衣》实现了模式创新，让电视和电商融合互通，寻求多元合作，让观众从单纯观赏行为转化为直接的消费行为，让用户真正为内容买单。

天猫以国内最大的B2C品牌电商平台身份提供《女神的新衣》独家体验和渠道发售，承载了节目产业化延展的核心价值。除了与天猫合作，《女神的新衣》还顺应互联网及移动互联网的潮流，选择优酷作为网络视频版权的独家播放平台，并与一款垂直移动App——《明星衣橱》进行了合作。通过TV、PC和移动端的打通，解决了在观众到消费者间转化时遇到的分流问题。

除此之外，《女神的新衣》还推出了《女神的新衣》官方手游，并授权了《战机物语》《暖暖环游世界》等多款游戏，使品牌达到了二次传播的目的，创新了传播方式，扩大了品牌影响力。

二、强强联合的渠道营销思路

《女神的新衣》将电视内容制作与营销模式、互联网互动与电商营销手段、时尚业制衣生产销售模式的传统观念打破，通过电视和电商的双平台对接，创造了“内容即商品”“内容即价值”的电视节目新模式。这样的强强联合所带来的高效率传播和消费，是对传统电视节目的一次革新。

从《女神的新衣》合作方来看，主要的合作方利用自身优势，各家分工明确，实现了资源的有效利用和跨界联合。蓝色火焰作为节目的出品方与投资方，负责整个项目的运营，包括节目研发、运营推广等，是资源整合的重要方；天猫作为联合出品方，是节目的独家官方体验平台，以消费者的使用习惯的大数据分析在节目生产和制作的过程中对内容生产和创意具有引领作用；东方卫视作为播出平台，投入核心团队，力求最优的电视呈现效果，节目的时尚定位与东方卫视的整体风格一致;优酷网作为网络视频版权的独家播放平台,体现了传统电视媒体和网络视频媒体的融合发展;《明星衣橱》App 作为官方唯一互动平台,是移动互联网时代发展移动终端,维系已有用户,开发潜在消费者的重要方式。

但并非所有的节目类型都适合这样做,甚至如《中国好声音》这类能拉动巨大广告金额投放的当红选秀类节目,在尝试"边看边买"模式上也只能效果平平。因此,要根据节目内容来定,需要依托内容确定营销方式。我国的电视娱乐节目在未来的发展中也应该寻求多平台、跨领域的融合,用更加多元的形式来丰富电视荧屏。

总体来说,在媒体格局发生深刻变化的今天,电视娱乐节目唯有不断更新观念、挖掘价值,才能不断满足观众的需要,才能构建一个更加多元、健康的电视节目生态。

案例三:自媒体"新世相"的多渠道营销

新世相是一家定位为探索可能出现的新的内容生产模式和传播方式的新内容公司。其创始人是被誉为文艺教主的张伟,曾任 *GQ* 杂志副主编、《博客天下》执行主编。从 2013 年 4 月 5 日开始,张伟通过在自己的微信公众号"世相"上分享文章,短短两年间吸引了 48 万粉丝,2015 年张伟从 *GQ* 辞职,正式创立北京世相科技文化有限公司,带着"新世相"隆重回归,新世相回归后 1 小时粉丝破万,2 天粉丝飙升至 10 万。此后,新世相策划了"新世相图书馆""丢书大作战""逃离北上广"等多个营销活动,开辟出了一条自己独特的多渠道营销之路。

一、线上+线下双重营销模式

作为一家出身于互联网的自媒体公司,新世相的营销,并不仅仅依靠互联网,而是采用了线上+线下的营销模式。

首先,新世相的营销不仅仅局限在微信公众号这个单一平台,还充分利用微博等社交媒体,例如:"丢书大作战"这一营销活动中,鼓励受众参与一线明星"丢书大作战"的话题讨论并拍照上传,或是每日阅读提醒、打卡分享,每位读者在各个社交平台上参与分享,实际上就是参与了新世相的营销活动。

其次,新世相也将营销渠道拓展到线下。从新世相的几次活动营销看出,新世相也注重线下的场景营销。例如 2019 年 9 月在新世相和三元乳业联合发起的"70 个热爱,70 年新鲜"活动中,向大众征集从 20 世纪 40 年代到新世纪初,不同年龄段人物投入所爱的新鲜故事并将甄选出的 70 个热爱故事投放到首都机场线内,打造“所爱与新鲜”故事专列。活动充分利用地铁、机场等人流量较大的公共交通场所,达到了营销和品牌传播的目的。

二、专注于网络社交媒体平台

社交媒体平台指互联网上基于用户关系的内容生产与交换平台。图、文、音、视等内容表达形式相结合的社交媒体平台,有更丰富的形态来承载品牌内容,也使内容表达将不会再乏味。拥有十亿用户的社媒微信,制造海量娱乐话题的微博和幽默搞笑短视频平台,以及遍布个性网红的直播平台,还有各种工具类应用媒体平台,多样化的媒体渠道,有了传播多元化内容的一个阵地。

对于各类营销渠道的选择,新世相还是以线上的社交媒体渠道为主。多元化和多样化的社交媒体营销为营销活动带来更多新变化。例如,在鲍勃·迪伦薯片诗集的营销活动中,新世相带来了全新的营销方式,营销活动不仅仅是把图书卖给读者,它可以更具有参与性、更好玩。新世相“图书漂流”活动中,通过赠送图书漂流包,包含贴纸、阅读纸,鼓励参与者撰写心得、书评以及留言给下一位读者这些措施。多样有趣的社交媒体营销活动,让传统的营销活动也更加具有仪式感和互动性。

三、利用爆款内容进行全渠道持续性传播

互联网时代下,媒介渠道多种多样,内容也呈现碎片化传递给受众。分散的媒介渠道主体和受众分散的注意力增加了信息内容的高效传播成本,如何推动社会注意力的集中实现同步信息传播以及全媒体全渠道的传播成为营销成功的关键。

新世相擅长利用用户情感和心理共性,策划直击受众情感需求和焦虑的热点事件,打造爆款内容来吸引全社会注意力的集中关注。如 2016 年,新世相为航空管家做的一次广告“逃离北上广”行动,文案《我买好了 30 张机票在机场等你:4 小时后逃离北上广》在 2016 年 7 月 8 日一早刷屏朋友圈。其中游戏规则是这样的:“现在是早上 8 点,从现在开始倒计时,只要你在 4 小时内赶到北京、上海、广州 3 个城市的机场,我准备了 30 张往返机票,马上起飞,去一个未知但美好的目的地。”新世相还在 3 个机场对这次出发进行直播。凭借这篇推文,新世相在 3 小时内微信阅读量达到百万次,粉丝涨粉 10 万人,同时在微博上了

热搜。[①]

这场广告营销中，新世相采用了发酵式的持续性传播设计。一次成功的广告，离不开持续的曝光。新世相在广告的前一天就已经作了铺垫，并在活动当天中午13点左右就开始复盘整个活动的策划方案，很快在各个渠道就有人探讨现实中压力山大的北上广是否真的能够逃离。活动正式开始后，选定的30个人出发后续的游记、心得、照片等不断在网络上传播，促进了话题的进一步持续发酵传播。新世相利用爆款文案内容刷屏网络，吸引了大量受众以及各个媒介平台的主动关注和讨论，实现了全渠道的营销传播。

思考题：

1.讨论"渠道为王"还是"内容为王"。

2.请用施拉姆的选择或然率公式，说明媒介渠道对于平面媒体经营的重要性以及如何打造通畅的发行渠道。

参考文献：

1.钱晓文：《当代传媒经营管理》，中山大学出版社2014年版。

2.潘可武：《媒介经营管理》，中国传媒大学出版社2015年版。

3.邵培仁：《媒介管理学》，高等教育出版社2002年版。

4.夏洪波、洪艳：《电视媒体广告经营》，北京大学出版社2003年版。

5.谭军波：《〈京华时报〉魔鬼发行之关键词》，《传媒》2003年第12期。

① 参见黄永轩：《公众号思维》，广东经济出版社2017年版，第138页。

第四章　媒介广告经营与管理

第一节　基本理论概述

传媒的广告经营，就是向广告公司和广告客户销售广告版面和时间。[①] 即使是兼营广告代理的传媒公司，其广告经营的重点同样是承揽广告刊播业务。从经济学角度看，传媒的最终产品是广告服务。传媒广告服务的使用价值，取决于传媒的社会影响力和市场影响力，其核心竞争力来自内容产品的质量和传播网络的效能。

一、媒介广告经营的三大实体

传媒广告经营中存在三大利益实体：媒体、受众和广告商。三者在传媒经营过程中的利益需求完全不同：媒体是媒体产品（如《开心辞典》栏目）的生产者和经营者。它要求媒体产品效益的实现，以便获得资金进行再生产。受众是媒体信息的传播对象，是媒体产品消费者。他们要求的是高质量的媒体消费品与媒体服务。广告商是在媒体投放广告的各类商品的生产者、经营者和广告中介机构。吸引广告商的是吸附于该媒体的受众，广告商的需求是通过在媒体投放广告，实现与目标消费者之间的沟通，以推销其产品。

广告经营是传媒经营的重点和取得经济效益的主要途径。广告目前已成为我国各大电视台最稳定和最主要的收入来源。传媒是广告的行为主体之一，在广告市场扮演着极为重要的角色。随着现代广告业的独立发展、广告经营机

① 参见钱晓文：《当代传媒经营管理》，中山大学出版社 2014 年版，第 113 页。

制的确立，传媒的广告经营经历了职能与角色的转换过程，即从集承揽、发布多种职能于一身转向专门发布广告。

二、媒介广告经营方式

媒介广告的经营方式主要分为三种：媒体自营、广告代理制以及自营和代理并行的双轨制。

（一）媒体自营

广告部门直接接受广告客户的委托刊播广告。报社承接广告商主动送交的广告业务，并根据广告商的情况，提供广告创意、广告设计以及广告编排和审查。分类广告适合这种方式，但是对于一些比较大的广告业务，一般由传媒广告业务员去洽谈业务，承揽广告。广告业务员和潜在的广告商进行联络和接触，开展相应的服务活动，按照有关规定办理手续，并与媒体广告部联系，编排、审查广告商的广告。这种方式对广告业务员的素质要求比较高，广告业务员不仅要洽谈业务，还要开展宣传工作，把推销媒体的版面或时间和开展公关工作结合起来。

（二）广告代理制①

广告代理制是国际上成熟广告市场的通行机制。所谓广告代理制，即以广告公司作为中介方，为广告主代理实施广告传播计划，为传媒代理承揽广告业务。广告公司是广告代理制的主体，其代理的业务范围分为全面代理和部分代理，全面代理如为广告主代理从前期市场调研、目标消费群体的设定到广告发布后的效果监测等全部业务，部分代理如广告传播计划中的一项或几项内容等。

是否实行广告代理制或广告代理制实行到什么程度，是衡量广告产业成熟与否的重要标志之一，广告主、传媒将广告传播计划和广告客户的承揽委托给专业的第三方代理，这样的分工是产业发展的必然结果，分工导致运作的专业化并有利于最终实现经济效益。

实行广告代理制对于传媒的意义主要体现在以下方面：一是增加广告投放量。因为专门有人承揽广告主，广告费用回收更加方便。不用传媒自己去向广告主要求，广告代理公司就可以负责了，传媒拥有越多的广告主，使用广告代理公司就越方便。二是广告代理公司毕竟是专业化的公司，在创意、制作方面比传媒的水平肯定要高，广告制作水平提高，可以提高传媒内容产品的质量。三是传媒广告业务由广告代理公司代理，可以在一定程度上避免一些关系广告和

---

① 参见张辉锋：《传媒经济学》，南方日报出版社 2008 年版，第 171～173 页。

来自广告主等方面的压力，保持传媒自身的公正性；节省时间、精力以及一些必要的交易费用，传媒可以专心于自己的主业。

（三）自营十代理双轨制

双轨制就是传媒在引入代理制的同时，还有一部分广告业务仍然保留在媒体内自营，是同时采用代理制和自营方式经营广告业务，这是媒体迈向广告代理制的一种过渡形式。媒体采取双轨制的一个原因是广告代理公司实力不足，只能承担部分广告经营；另一个原因则是媒体认为保留部分自营对自己有利，一些电视台把自营的重点放在软广告或特约节目上，需要节目和主持人的配合。这种方式是媒体积极尝试广告代理制的一种阶段性表现，能够缓解媒体的经营压力，激活内部经营动力，但在某种程度上也使得媒体和广告公司处于一种“相对竞争”的表层合作状态，如一些电视台自留黄金时段，而把棘手的广告时段交给代理公司经营，广告代理公司难以获得预期利益。

三、媒介广告经营的差异

按媒介形式划分，广告大致可以分为报纸广告、广播广告和电视广告。不同媒介的广告表现形式不同，取得的广告效果也有很大的差异。

（一）报纸广告及其特点

在众多的广告媒介中，报纸素有“媒介之王”的称呼。在20世纪以前，报纸是唯一的大众传媒，在广告业中占有绝对地位。但随着广播电视的兴起，报纸失去了新闻报道和广告传播的垄断权。

对报纸进行分类处理是报纸广告经营的一项重要内容。国内和国外有不同的广告分类的标准。

美国报业一般把报纸广告按形式分为三大类：一是展示广告。如报纸上常见的大幅广告，带有文字和图片的整版、半版广告。二是分类广告。指以主题归类、分栏刊登的零碎小广告。三是插页广告。指夹带在报纸中的散页广告。

中国报纸广告也分为三类：一是公益广告。如政府公告、公共服务性广告、企事业单位发布的以社会主义精神文明为主要内容的免费广告等。二是商业广告。商业广告是指工商企业的商品促销广告，是广告收入的大头，一般占广告总收入的80%。三是分类广告。按广告内容进行归类刊登的文字短小的广告。

对广告商来说，报纸广告的优势在于能够详细说明企业和产品的特性。报纸覆盖面广且传播迅速，有很强的时间性，黑字白纸的存在形态也使其在详细介绍商品方面具备突出优势，再加上灵活的排印、发布和相对低廉的收费，报纸媒介的广告营业额一直在大众传媒中处于领先地位。报纸作为广告媒介具有独特优势：受众面广；每千人成本低；到达率高；可以保存。但是报纸广告的劣势也很明显：报纸广告的注意力不如电视；报纸广告只能静态表现，无法动态呈现；综合性报纸虽然发行量大、覆盖面广，但跨地区流动性差；报纸的广告和新闻一样，是易碎品；报纸对读者的文化要求较高，不适合受教育水平低的受众。

（二）广播广告及其特点

广播广告是以广播作为媒体，通过语言和音响效果等听觉诉求方式来传递产品或劳务信息的广告。[①] 在电视没有发展普及之前，广播倍受欢迎。电视的兴起，将大批广播广告客户拉走，但广播广告的影响力至今仍然很大，它的独特魅力有其他媒体无可比拟之处。

广播广告的特点主要有：

一是接触的方便性。广播的优点在于信息传播迅速、及时，传播范围广泛，选择性较强，有较高灵活性，等等。

二是价格的低廉性。广播广告的成本远远低于报纸和电视广告的成本价，所以价格低廉，而且广告回报比较高。

相比于报纸广告、电视广告而言，广播广告存在传播手段相对单一及信息稍纵即逝、不能留存等缺点。

（三）电视广告及其特点

与其他媒介相比，电视广告到达率最高，能迅速提高知名度，其优势在于：形象生动，感染力强，具有很强的表现力；深入家庭，影响面广；表现直观真实，能准确地传播信息。

具体而言，电视广告具有以下特点及功能：

一是接触的强迫性。电视广告具有视听兼备的特点，不受年龄、职业、文化程度的限制；覆盖面广，收视率高；带有一定的“强制性”，因而穿透力强、到达率高。

二是亲近感与说服力。电视广告以独特的技巧、形象魅力，综合了语言文字、人物、动作、画面、音乐声音、产品等艺术，给予人们美的享受，在短短几十秒之内给人以强烈的印象。

三是表现形式的多样性。目前电视广告表现形式有名人式、引证式、音乐舞蹈式、现场表现式、新闻式、故事式等，都是利用音乐、文字、画面、色彩、人物、

① 参见钱晓文：《当代传媒经济管理》，中山大学出版社2014年版，第113页。

舞蹈、特技制作而成。

相对于其他媒体广告，电视广告播出费比较昂贵，通常以秒计算。由于电视广告的长度有限，只有播出次数多，才能留下深刻印象。

电视广告的类型有：常规广告（插播广告），主要有电视栏目内广告（含特别节目广告）、时段广告；专栏节目的广告（特约播映或有冠名的节目），如特别节目广告、电视剧广告。

（四）互联网广告及其特点

互联网广告是以互联网为传播载体进行投放，通过网络传递到用户的一种广告运作方式，主要包括文本链接广告、网络横幅广告、电子邮件广告等表现形式。

相较于其他形式的广告，互联网广告主要有以下特点：

第一，表现手段丰富多彩。互联网广告采用了文字、图像、音频和视频相结合的表现手段，融合了其他媒体的优点，给予受众全方位立体化的沉浸式感受，可以准确地传达广告主所要表达的信息。

第二，传播的范围广。随着互联网的发展，其用户群体的趋势越来越多元化，男女老少皆宜。此外，互联网可以全天 24 小时不间断地发送内容，不受时空的限制，因此，用户可以在任何时间地点接收广告信息，这也是其他媒介广告无法达到的。

第三，内容种类多，信息面广。互联网广告可以容纳不可计数的广告内容，大到汽车、房屋，小到一支笔、一张纸，都可以作为发布内容，其篇幅也是可以操作和控制的。

第四，互动性强，用户体验好。互联网广告不具有强迫性，用户可以根据自己的喜好选择接收的内容，甚至体验产品，对于不喜欢的信息也可以直接拒绝，大大提高了用户的地位，增加了广告投放的效率。

除了以上所提到的内容之外，互联网广告还具有发布成本低廉、易于实时修改、发布效果测量难度小等特点，这些都是其他广告难以达到的优势。但是，网络监管的薄弱导致用户隐私易被泄露、虚假广告繁多等问题，需要引起我们的重视。

第二节 典型案例分析

案例一:聚美优品的广告营销

一、聚美优品的广告营销策略

聚美优品是一家化妆品限时特卖商城,其前身为团美网,由陈欧、戴雨森等创立于 2010 年 3 月,公司创立的目的是为女性提供简单、有趣、值得信赖的化妆购物体验。聚美优品本质上是一家垂直行业的 B2C 网站。在 2010 年团购网站如雨后春笋般纷纷冒出来的“千团大战”时期,聚美优品首次创立“化妆品团购”模式,每天在网站推荐十几款热门化妆品,并以吸引人的折扣低价限量出售,同时承诺“百分百正品”,以及“拆封 30 天无条件退货”。聚美优品自成立以来,会员数量和单月销售额一直呈现出几何式增长的态势,并迅速拥有了大量的会员。聚美优品的成功的原因是选择了正确的营销策略。聚美优品从团购模式转向 B2C,是一项创新之举。而电子商务同网络世界的天然亲近使聚美优品迅速搭上了微博高速发展的列车,其精准的粉丝定位和信息投放、全员热情参与和广泛合作打造出平民微博品牌形象,已经成为微博营销的成功案例。

选择合适的营销战略可以为企业带来持续不断的盈利效果,而优秀的广告也同样可以促进企业的高收入,广告作为一种促销手段,是带有浓郁商业性和艺术性的综合体。成功的广告可以让默默无闻的企业和产品变得名声大振,家喻户晓,广为流传。同样,成功的广告还可以向外界输出一种良好的企业文化,塑造品牌形象。聚美优品的广告“我为自己代言”系列,打破了传统广告形式,由聚美 CEO 陈欧带头,给消费者耳目一新的感觉,进而推动了公司获得高额利润为聚美带来了高额利润,并塑造了良好的企业形象。

聚美借势微博,形成了包括聚美优品官方微博、聚美 CEO 及其他领导人的各自的认证微博,形成了微博矩阵。在推广自身业务的同时回应消费者的相关咨询及投诉。聚美的各个部门都注册了微博账号,顾客可以通过“@聚美优品”进行专人问题反馈,聚美优品官方微博就会以“小美”这个亲切近人的名字与消费者进行最直接的互动。CEO 陈欧在微博上参与了“微博互动一小时”活动,定期在新浪微博上与粉丝互动,这一小时之内各消费者可以在线提问,无论是商业问题还是创业心得体会，陈欧都会尽量回复。微博上活跃互动的姿态使得聚美优品的顾客积极性被充分调动起来，对品牌的了解逐渐深入，对品牌的忠诚度也逐渐增大。另外，微博的线上互动活动还结合了线下的活动“地铁随手拍”，此事件将在线下建设部分的“主题活动推广”中展开。到 2013 年 4 月为止，微博已成为聚美营销的主要工具之一，聚美粉丝数已达 1029379 人，而且大部分或是参与过活动的，或是产品的忠实粉丝，或是互动活跃者，或者口碑扩散者，或是铁粉，或是被“陈欧体”吸引过来的潜在用户。

(一)聚美优品微博广告优劣势分析①

聚美优品的微博广告营销优势体现在：

1.门槛低

相较于其他传统营销模式而言，微博营销拥有发布门槛低的优势。对于微博来说，哪怕只是一条签名，或者一张照片，也可以成为一条“广告”，为企业的营销而服务。聚美正是利用这点，在微博上分享产品信息，来吸引更多的顾客购买产品。

2.传播范围广

微博营销借助了当今营销中最为便捷的渠道——网络，因此聚美在微博营销上不仅仅传播产品信息更快，同时人们使用产品的效果可以更快地反馈到网络上，使得产品效果更具有现场感，而在生活中使用手机上微博的用户占大多数，这就说明人们每时每刻都在关注微博信息，这让产品的信息传播更快、更广，形成类似病毒式营销的模式，它的现场感、快捷性、广泛性、实时性也将超过其他任何媒体。

3.亲和式传播

聚美抓住了微博很重要的一个特点，那就是互动性和平等性。在微博营销上，聚美抓住粉丝希望拥有产品体验、对话、沟通的机会，使得消费者不再是一种仰视，而是以一种平视的角色去相互讨论品牌产品。这些粉丝通过自己的亲身体验，在微博上热议和传播@聚美优品产品的使用感受，真正地赋予粉丝荣誉感和认同感，他们是和品牌平等的角色，在感觉到被重视和肯定的情况下，就会自动地参与到互动和口碑营销推广的队伍当中。

聚美优品的微博广告营销劣势体现在：

1.低门槛的泛滥

在国内微博营销仍不成熟的现实状况下，聚美微博仅仅是无数化妆品品牌

---

① 参见张永杰：《浅谈聚美优品的微博营销》，MBA 智库文档，https://doc.mbalib.com。

微博之一，面对如此多的竞争者，微博营销的成本低廉被各大企业应用模仿。低门槛的泛滥使得各种牛皮癣粉丝、僵尸粉丝蜂拥而出，灰色营销已严重透支网民的信用度，所以，尽管各微博的粉丝数量飞速上涨，但传播绩效和销售数量却难见提高。

2.盈利模式难担企业营销大任

聚美虽然通过微博迎来了一大批客户，但是微博是一种网络上大面积的点对面的及时广播，通过群聚的方式使每个人、每个微博都能形成一个听众群落，并且以最精炼的词汇表述一定的信息，从而达到信息传播的目的。从这个角度看，短时间内被关注的次数能否快速突破，盈利模式能否有新的发展，这些问题是难以下定结论的，所以不能承担企业营销大任。

3.容易为竞争对手提供便利

在聚美微博营销中现存的一个很大问题就是：注重企业微博客的访问数量的同时，如何保证信息传播过程中的质量。如果信息传播的过程中没有得到很好的管理，例如企业内部员工“不小心”外泄信息、企业微博粉丝的完全公开化等，都可能为自己的竞争对手获取企业核心信息或潜在用户群信息提供极大的便利。

4.易产生网络危机公关问题

受微博客内容时效性和网络传播速度极快的影响，微博营销的反应时间大大缩短，这就为网络公关问题的产生提供了更大的可能性。类似于 Twitter 形成的“社会化媒体的长度”①，一个不起眼的小信息都有可能被无限放大，因此对于聚美而言，如何在危机公关问题产生前预警、如何在危机公关问题产生后处理，都是要注意的重点。

(二)“我为自己代言”系列广告营销

在这一则广告中，聚美 CEO 陈欧亲自出马，应用考试、职场、恋爱这三个不同的场景，表明自己坚持理想的信念和不懈奋斗的决心，短短数月之后，这则以梦想为载体的广告在网络上意外的走红，一时间，“陈欧体”迅速成为模仿对象，演化出各种版本，风靡各大网络。

在将近两分钟的聚美广告里面，没有一句是推销聚美优品的广告词，只是展示了一个“80 后”在创业过程中的心酸和外界带给他的压力，并通过这一则广告展现了年轻人的理想和憧憬。广告的最后，陈欧的一句“我为自己代言”，这种积极向上的态度引起了现在富有个性而又自信的“80 后”和“90 后”的共鸣。

---

① 张忞娴：《企业微博营销 SWOT 分析及营销策略探究》，《现代营销》(下旬刊)2011 年第 10 期。

特别是陈欧最后击碎玻璃的那一刹那，仿佛是对困难宣战，冲破阻挡自己前进的障碍，令人振奋不已。与传统广告不同的是，聚美优品的广告并未采用不断重复麻木式的轰炸，而是通过几则不同的平凡故事直击观众内心，是一则典型的诉诸感性表达的广告。在众多被感动的网友里面，可以看到孙杨、韩庚、何炅等明星的身影，明星的助阵和二次传播也加强了聚美优品的传播效果，让这则广告深入人心。

1.内容出彩，激发消费者内心共鸣

聚美优品在市场定位精确。“陈欧体”广告非常精准地辨识出自己的目标客户群体——以 20 世纪 80 年代、90 年代前期出生的一代人为主的年轻消费者。聚美优品的“我为自己代言”广告是在 2012 年 11 月 10 日，在时间的选择上，广告选择了十分巧妙地播出时间，即光棍节前夜的狂欢时刻，最大程度上保证了广告的收视率，广告的力度影响着消费者的心理，进而影响了消费者的购买行为，并且，聚美优品选择的播出平台是湖南卫视的《快乐大本营》节目，受众群体的年龄与聚美优品的目标人群吻合度极高。可以看到聚美优品并没有像一般的广告那样，采用理性诉求方式劝说消费者购买，而是形象地展示了一位年轻创业者在创业过程中的心理活动：尽管面对着外界接连不断的质疑和压力，但他仍然坚守着自己的信念，执着、不抛弃不放弃。正像广告里面说的一样：“梦想是注定孤独的旅行，路上少不了质疑和嘲笑，但那又怎样？哪怕遍体鳞伤，也要活得漂亮！”

2.改编热潮，掀起陈欧体风潮

聚美优品的这则广告虽然是在电视上播出的，但最终走红还是借助于网络的力量。广告停止播出之后，引起了全民模仿的热潮，各种版本的“陈欧体”相继爆红各大网络，引发了病毒式的传播，再一次吸引了公众的眼球。广告词中固定的格式：“你有××，我有××。你可以××，但我有××……但那又怎样，哪怕××，也要××。我是××，我为自己代言！”这个句型可以应用于各种励志、吐槽的情景，一时间掀起了为陈欧体填词的潮流，而在这种热潮中，聚美优品的形象已经在创意和二次创意中获得了巨大的关注，这也使得品牌得到了更多的关注，并为其创造了大量的潜在客户。

3.形式新颖，CEO 为自己代言

所谓 CEO 营销，就是借助网络、书籍、演讲、活动等传播方式宣传 CEO 的成长经历、管理风格、社会责任等方面的特点和优势，塑造和提升 CEO 的个人品牌形象，以进一步达到提升企业知名度、美誉度的营销策略。聚美优品 CEO

陈欧亲自担当自己公司广告的主角，将个人与公司品牌合二为一，为企业树立了统一的品牌形象。陈欧作为企业创始人，担当公司的最高形象代言人，其别具一格的广告词“陈欧体”经过各种娱乐节目、微博等渠道的快速推广，让企业形象得到了更广泛的传播。

二、聚美优品广告营销创新点

作为一家电商，聚美优品在争夺销售额的情况下，也有被爆出兜售假货的情况，但其广告形式可以作为其他广告制作商学习的模板，构造自己独特的企业文化，对企业发展有好的学习和借鉴意义。

出色的广告文案应该能够给消费者留下深刻的印象，而想要达到这一点则需要深刻洞察消费者的内心，培养消费者和企业、产品之间的感情，而不是一味地使用硬性推销语言，这样只会加速消解消费者对产品的耐心。“陈欧体”之所以能够受到消费者的普遍关注和欢迎，出色的内容功不可没。整个广告未提及聚美优品，广告中却不乏出现聚美优品的快递包装盒，更是在获得消费者好感的同时对其进行了视觉刺激，使其潜移默化地接受了产品洗礼。“陈欧体”广告的感召性很强，这一则广告承载的是梦想，在社会上引起了共鸣，吸引了目标群体对其企业文化的认可，激发了顾客的购买欲望。陈欧喜欢用“自信、正能量、追求梦想”来定义聚美，而这则广告也正是透露出这样的精神力量。聚美优品的广告营销创新，正是做到了以下几点：

首先，要做好市场细分，选择目标人群，在广告上的制作上迎合目标人群。聚美优品的目标人群是“80 后”“90 后”的消费群体，这一群体有梦想、有理想，但是面对现实的残酷，他们迷失过，也茫然过，而陈欧在广告词道出了一个同是“80 后”的奋斗青年的心声，在精神上与目标人群达成了共识。

其次，注重形式创新，给人耳目一新的感觉。聚美优品的成功一部分原因是创新。生活中不乏可以看到相似产品的广告，但大多是千篇一律的劝说，很容易引起消费者的厌烦和抵触，难以刺激消费者的购买需求，影响其购买行为。故企业应该迎合自己公司文化的特色，增加广告的辨别性，第一时间吸引到消费者的注意力，从而刺激其购买行为，实现企业广告营销的目的。

再次，保证在媒介所投放广告的质量。虽说要在广告上进行创新，但也不是盲目的利用一些不适合社会健康发展的低级趣味的广告，而是要投放符合社会主义核心价值观的正能量内容，迎合社会发展的需求。

最后，提升经营项目的质量。只有好的促销方式并不能够给企业带来长久的发展，企业应该在选择优秀的促销方式的同时改善经营项目的质量，例如加强产品货源的准入检验，从源头上保证产品的货真价实，这样才能做到从根本上吸引消费者，增强用户黏性，培养出忠实的消费者。

案例二：OPPO手机广告营销

一、OPPO手机广告营销模式

OPPO的广告从来都是以清新脱俗、时尚新颖为主题元素，"韩味"OPPO的横空出世并不是偶然。配合整个营销计划，从产品定位、价格、外观设计到广告传播、渠道设立，都体现了其"别有用心"。当年的一支15秒的MP3的广告在中央一、二、三套晚上黄金时间同步播出。在主题为"我的音乐梦想"广告中，俊男美女在地铁中相遇，在妙曼音乐中展开一段罗曼蒂克的联想。OPPO正是凭借这一浪漫的广告，让"OPPO"这个名字进入年轻人的视野。随着电视广告短片的推广，在报纸和网络等媒体上，OPPO也采用冠名活动、明星背书[①]等宣传方式继续扩大它的品牌影响。它同各个地区最有影响力的报纸合办高校歌手大奖赛，与新浪合作声势很大的"OPPO网络歌曲排行榜"，不惜财力赞助与时尚相关联的活动大赛。

（一）广告投放模式新颖

随着通信技术和互联网技术的发展以及5G时代的到来，OPPO手机紧跟时代的列车，在智能手机上不断地进行研发和创新。OPPO手机衍生出多个系列品牌，定位不同的目标受众，由此不难总结出OPPO广告的推行特点是利用广泛的信息传播途径，以多元化的渠道，在激烈的市场竞争中迅速地让观众看到你、记住你。

第一，通过大量的铺放广告，播放高品质的广告，将OPPO的品牌形象植入人心。OPPO手机加大力度在广告上进行宣传和投资，其广告主要在浙江卫视、湖南卫视、央视等主流频道的黄金时段播出。虽然广告成本高昂，但由于其这几家王牌卫视黄金时段稳定且大量的收视群体，其产生的传播效果也要比二流卫视更胜一筹。选择这些在观众心目中具有较高的品牌地位的主流卫视，也有利于OPPO自身的品牌提升，不断地对产品进行更新和创作，保持OPPO品牌的活力。为了达到更好的宣传效果，OPPO品牌可以选用线上线下互动的全

① 名人背书也叫"名人证言"（Celebrity Testimonials）。让一个名人使用某品牌（产品），或者为某品牌（产品）做广告，通过名人的影响力提高品牌或产品的竞争力。

方位立体式广告轰炸，造成强大的舆论效果。

第二，OPPO手机大量冠名国内较火的王牌娱乐节目。比如，湖南卫视的《快乐大本营》，江苏卫视的《非诚勿扰》，浙江卫视的《奔跑吧兄弟》等国内火热的娱乐节目中均能看到OPPO手机的身影。火爆的综艺节目能大量地覆盖住以年轻人为主的消费群体，这与OPPO手机的营销理念、品牌定位和目标受众相契合。因此，在以年轻人为核心收视群体的娱乐节目中的大量冠名，形成了强大的传播态势，为OPPO手机的品牌和形象定位打下坚实的市场基础。

OPPO手机的广告制作和拍摄更注重于对意境的渲染，通过独特的意境来感染受众。广告的传播固然能打造品牌的影响力，而广告片的质量将会是带动这一影响力不断扩大的根源。因此，OPPO手机在广告的制作中不仅求"量"也求"质"。由于OPPO手机主要的受众群体是年轻人，所以OPPO手机广告拍摄的过程中更注重贴合年轻人的审美。运用画面、音乐等视听语言表现手法，渲染意境，引起观众的共鸣，与受众的内心生活状态实现碰撞。

(二)受众精准定位，品牌故事化呈现

OPPO手机广告采用微电影广告等符合互联网传播的广告形式，利用互联网平台的评论性和互动性，充分调动多方传播渠道，借助舆论的力量快速传播，达到广告的传播效果和营销目的。同时，微电影式广告能对现有划定的受众目标进行再次细分。通过对受众进行定位，进而了解受众的偏好，产品进行设计和改观，并将产品主题与广告内容进行嫁接，从而引起消费者的共鸣和情感碰撞，达到广告的宣传效果和营销目的。2012年，OPPO手机邀请国际巨星莱昂纳多拍摄Find系列的广告，该广告应用神秘、悬疑等元素，从而一举俘获了该广告划定的受众范围的消费心理。

OPPO手机系列广告质量高，但缺乏对品牌进行故事化的呈现，因此OPPO手机需要将品牌寄托到故事中，走亲民化路线。也要将故事与产品进行完美的搭配，让受众在分享这个美好故事的同时，产生购买产品的欲望。舒尔茨认为："产品能满足消费者的物质需求，而产品的品牌才能满足消费者日益增长的精神需求"[①]。在市场经济多变的环境下，市场竞争日益激烈。虽然手机市场的发展日新月异，在功能的外观设计上不断实现革新化、多元化和个性化，但这一切都基于过硬的手机品牌作为其技术革新的支撑力量。因此，如何满足消费者的需求，把握消费者的诉求心理，成为广告宣传营销过程中的重点。广告

---

① 苏励志：《李光斗对话舒尔茨：从整合营销传播到整合品牌传播》，2007年7月6日，https://business.sohu.com/20070706/n250937146.shtml。

的传播固然能打造品牌的影响力，而广告片的质量将会是带动这一影响力不断扩大的根源。

（三）善用名人效应，制造轰动效果

在经济发展的大背景下，手机行业的竞争日益激烈。在苹果、华为、小米、三星等诸多强大竞争对手面前，如何快速抢占市场份额对 OPPO 手机显得尤为重要。

OPPO 手机利用名人对产品进行包装，从而将产品卖点突出成为主要的手段和方式。通过选用国内一线明星对产品进行代言，引领时尚主流，打动 OPPO 手机所划定的年轻消费群体的消费诉求；通过对受众精准定位，了解受众的喜好，对产品进行改观，将手机贯穿在整部广告的拍摄过程中；通过将产品主题与广告内容进行嫁接，从而引起消费者的共鸣和情感碰撞，达到广告的宣传效果和营销目的。

利用名人效应使得 OPPO 手机能更好地打造品牌形象。OPPO 手机的目标范围是新一代的年轻人，他们追求时尚，喜欢新鲜事物，个性张扬。OPPO 手机广告是在传统广告和电影上进行新的突破和大胆的尝试，因此将名人效应所具备的话题性和争议性的特质应用到广告创作中，能有效地利用舆论关注度来提高产品的曝光率和影响力。同时，名人效应寻找与品牌相契合的代言人，也有利于对 OPPO 品牌的打造和提升，从而使 OPPO 的品牌形象更具体更形象地展示在消费者心中。

名人代言一直是 OPPO 品牌的偏好，比如国际巨星莱昂纳多，国内巨星陈坤、杨洋、江一燕等都为 OPPO 手机做过代言。利用明星自身所具备的影响力作为整个广告传播过程的发力点，丰富了整个广告的话题性，再借助广告自身所具备的传播特性，就能让其迅速地在互联网平台上得到广泛的传播和转发，为 OPPO 新产品的营销、敲开新市场的大门打下坚实的基础。

二、OPPO 手机广告营销成功之处

产品和品牌之间是相互依赖、不可分割的关系，产品的品牌和信誉是营销的基础和前提。OPPO 手机的营销不仅需要强有力的外部广告不断对其进行包装，还需要手机自身在性能外观上有特色和优势，才能在激烈的市场竞争中处于领跑地位。经济发展的大背景下，手机市场的竞争日益激烈。重视品牌的打造，产品的创新和广告的投放，将三者之间的关系进行协调，做到统筹兼顾，

才能为OPPO手机未来的发展打下坚实的基础。[①]

OPPO手机的营销在广告支出方面，远远超过其他手机品牌，并一度在业界引起争议。OPPO手机之所以在与苹果、华为、小米、三星等大牌的竞争和过招中游刃有余，这与他在广告宣传方面做足了工作有着直接的关系。OPPO手机将其消费人群定位在年轻群体，通过精准定位再进行大规模的广告宣传，实现精准轰炸，制造出强大的舆论效果。对手机品牌的宣传和推广而言，起到了推波助澜的作用。通过进行大规模的广告铺放，从而保障消费者对品牌的新鲜度和忠诚度，在宣传的过程中，也能不断地对产品进行更新和创作，保持OPPO品牌的活力。为了达到更好的宣传效果，OPPO品牌可以选用线上线下互动的全方位立体式广告轰炸，给即将上市的产品，蒙上一层神秘的面纱，炒热市场噱头。同时，还可以举行大型的公关活动，为其产品的发布做好充足的准备工作，将受众群体爱年轻爱自由的内心特征和喜欢时尚的消费诉求进行把握，在资金条件有限的情况下，发挥最大的传播作用和最好的宣传效果。

案例三：马拉松系列广告营销

一、马拉松赛事及其广告营销概述

当代中国城市正将重大体育赛事作为城市形象营销的重要筹码。作为推动全民健身、弘扬体育文化、发展体育产业的重要体育赛事，城市马拉松在国内发展势头迅猛，已经成为城市形象营销的重要载体。马拉松营销是以一个城市为中心，在一定的区域市场范围内，以马拉松精神、赛事影响力、跑友参与度为驱使，集合广告营销、公关营销、品牌营销、活动营销、精准营销为一体，在一定的时间周期内，持续不间断的一系列整合营销行为。[②]

马拉松的主体以非竞争的个体形式存在，通过“分享”形成了一条交错而牢固的关系链。赞助商的投资保证了赛事正常运行，政府也赋予了赞助商一定的品牌公信力，多方保障下，运营方得以举办优质赛事，吸引各位马拉松爱好者的参与，并为媒体传播提供话题，跑友的主动传播、媒体的宣传推广使赛事影响力不断扩大，从而吸引更多品牌方以赞助商的身份参与，进而提升城市和企业品牌的知名度和美誉度。他们之间没有冲突、相互配合，在不增加成本的情况下实现互利共赢。

---

① 参见康淼：《OPPO手机的广告营销策略》，《商业经济》2017年第3期。

② 参见张晗：《如何定义马拉松营销》，《声屏世界：广告人》2016年第8期。

马拉松营销集广告营销、公关营销、品牌营销、活动营销、精准营销于一体，是一个多维立体的营销载体。马拉松赛事可以承载任何与赛事、企业品牌相关的信息，从而进行广泛的传播。

广告营销是最直接的企业品牌曝光形式。一场马拉松本身就是一个巨大的户外广告，赛场周围遍布广告展出位，选手的衣着以及露出的牌子，都可以作为一种展出方式，甚至每一位参赛选手都是移动的广告位，马拉松还运用科技手段，让广告展位在形式上不断创新，使得广告载体更加活灵活现。同时，借助媒体的力量，通过平面媒体、电视媒体、网络媒体以及自媒体的广告，形成覆盖线上线下的广告传播平台。

公关营销可以贯穿于马拉松赛前、赛中、赛后整个过程，是通过持续不断地制造热点话题，吸引媒体的关注和主动传播，带动跑友和潜在跑步人群的参与热情，实现参赛者和赞助商的互动和企业品牌传播，是极具感染力的传播形式。

品牌营销是将马拉松精神、城市形象、政府公信力融入企业品牌，赋予品牌健康的形象，在比赛的过程中展示企业积极向上的形象，或传递品牌坚持不懈的企业文化，不仅可以让跑友和观众参与马拉松赛事过程，还能够让他们形成对企业品牌和产品的认知，从而把品牌符号潜移默化地铺建到社会公众的心里。

活动营销运用马拉松的集客功能和区域地缘优势，是一种非常直接的营销方式，举办如马拉松嘉年华、赛前训练营等马拉松相关活动，用以创造服务C端的场景，实现与跑友的直接接触和互动，从而增加赞助企业产品销售的机会。

精准营销是马拉松得天独厚的优势，通过马拉松把广告主想要的中高端受众直接从海量人群中自动提纯出来，在共同爱好的驱动下形成一个精准的人群，能够促使广告百分之百地抵达受众内心，超能带动他们产生直接的购买消费行为。

二、马拉松广告营销的价值和作用

(一)马拉松广告营销的核心价值体现

一是影响力价值。从性质来看，马拉松是一种参与感和社交属性极强的运动，关注人群很容易受到身边爱好者的感染，使得参与者剧增，进而成为一个社会现象。从空间来看，马拉松赛事以一个城市为中心，中国地大物博，每个城市都拥有自己的特色，马拉松的精神与城市的特色融合，加之政府公信力做整体背书，使得马拉松赛事在一定区域内被赋予了强大的关注度和传播力，甚至可以对城市形象进行再塑造。从时间来看，马拉松赛事是所有跑友乃至整个城市在一定周期持续关注的热点，从赛前路线公布、报名抽签，到比赛的那一天，不断地将马拉松推向高潮，赛后还会持续地发酵。不间断的市场传播、品牌提及、促销机会，都是马拉松营销的延续。

二是人群价值。人是体育运动的核心，马拉松的主要参与人群是普遍都具有较高的学历背景、良好的精神文化修养、强购买能力、追求积极生活态度和健康生活方式的中产阶级，而这部分人群正是社会的中坚力量。未来的消费入口，不是手机硬件，而是除了衣食住行之外，占据自己时间的爱好，通过马拉松这个共同的爱好凝结了热爱马拉松人群的群体价值。同时，马拉松赛事可以为赞助商进行目标消费群体的提纯，让品牌通过精准营销，获取性价比更高的价值回报。当一个企业赞助一场马拉松时，可以集中获取目标人群的关注，并通过赛前赛中赛后的多种整合营销手段，在时间和空间上保持持续的影响力，从而实现一次完整的马拉松营销。

（二）马拉松系列广告营销的作用

1.马拉松系列广告营销对品牌的作用

（1）扩大知名度。企业品牌形象的树立非一日之功，需要借助现象级的媒介不断“刷脸”，增加品牌曝光率，优质的马拉松赛事就是现象级 IP，通过体育精神传递品牌价值，可以有效地扩大品牌知名度。

（2）提升美誉度。将企业品牌与马拉松精神嫁接，使马拉松“挑战自我、超越极限”“有温度、有态度”的精神与品牌所倡导的理念产生高度契合，提升企业和品牌的美誉度。

（3）增强传播力。马拉松已成为社会关注的热点事件，吸引了大众媒体持续地进行报道和传播，同时，马拉松比赛中“人人都是自媒体”，跑友和观众会自发地传播马拉松赛事相关信息和参赛观赛体验，促进企业品牌的二次传播。

（4）铸就影响力。现象级的马拉松赛事是稀缺资源，其“一年一次，一次一年”的实力感和传播持久性，让它与其赞助品牌产生强关联性，从而成就品牌影响力。

（5）彰显公信力。马拉松是政府主导的赛事，政府的背书让企业得到官方的认可，为拥有消费者的信任提供了有力的支撑。企业品牌可以借助马拉松营销，用最短的时间占领一座城。

2.马拉松系列广告营销对销售的作用

（1）通过线上聚合，建立大数据库。马拉松营销以马拉松运动人口为基础。

从跑友报名抽签到赛前领取参赛包，跑友可以与马拉松赛事主体产生多次接触机会，借此收集马拉松参赛人群包括报名、参赛、出行、住宿、饮食、购物、旅游等精准数据，建立大数据库，整合马拉松人群需求，进行量化分析，为赞助品牌的马拉松营销行为提供可参考的数据。同时，通过互联网建立的大数据库进行人群分析，可以迅速地连接到目标客户，增加对目标客户的销售机会，从而快速地在一个城市打开市场。

(2)通过线下集客，实现精准营销。一个城市的马拉松赛事是这个城市的全民狂欢节，而马拉松现场则是一个巨大的销售现场。马拉松营销通过马拉松博览会、嘉年华、跑者训练营等活动，在42.195公里的整个马拉松赛道上为跑友提供服务，让参赛观赛人群与赞助商产品直接接触、现场试用，实现品牌与目标客群点对点的零距离互动，让品牌深深烙印在消费者的心里，增强用户黏性。如在赛前汽车品牌为跑友免费提供勘察赛道服务，对于汽车品牌来说可以让跑友在勘察赛道过程中体验汽车产品的性能，从而为客户提供直观的产品体验，促进产品的销售。通过马拉松赛前预热期、赛中活动期、赛后持续期，借助传统媒体和新媒体制造话题，组织线下活动、聚集人群，在马拉松传播周期中不间断地进行品牌定向传播，为赞助企业带来无限的销售机会。

三、马拉松系列广告营销的特殊意义

马拉松是当下的社会热点，拥有最具购买力的消费人群和区域市场的地缘优势。马拉松营销是以一种城市为中心，周期性、空间化的整合营销行为，可以在不增加营销成本的情况下，通过无限的创意，实现无尽的价值回报。马拉松营销是一个周而复始的循环过程，消费者需要波段式的刺激、持续性的马拉松营销才能让品牌在受众心中扎根。马拉松营销中蕴含着诸多价值，需要我们敏锐地感知并不断挖掘其中的精华。

马拉松系列广告营销的主体即城市管理者、赛事运营方、赞助商、参赛观赛人群、媒体，他们之间形成了互为分享共建的关系。

城市管理者作为马拉松赛事的发起者和主办方，提供保障马拉松赛事安全运营的一系列配套服务，以及最能代表城市特色、人文地理风貌的赛道线路。同时，城市管理者可以借助马拉松赛事平台展现城市的品牌形象和地域文化，带动城市经济增长。

赛事运营方作为马拉松赛事的执行者通过精心的赛事产品设计、组织宣传、提供营销管理等方面提供配套服务，打造独特的城市马拉松IP，提供良好的

用户体验，并由此扩大运营方赛事品牌的知名度和美誉度，获得更多的商业价值和商业机会。

赞助商以品牌赞助的方式对马拉松赛事进行资金投入，保障了赛事运营，促进了城市的品牌建设，为参赛观赛者提供优质的商品和贴心的服务。同时，赞助商借助马拉松的政府背书，可以有效传播企业品牌，创造销售机会，进而在区域市场形成广泛的影响力。

参赛观赛人群作为马拉松的参与者，用微博、微信等渠道分享自己与马拉松的信息，其庞大的数量以及背后潜在的朋友圈辐射作用，通过强弱关系的联合传播，帮助城市、企业进行品牌曝光，形成病毒式传播。此外，在参与马拉松的过程中可以体验赛事，享受服务，欣赏城市风貌。

媒体作为马拉松赛事的宣传者，可以通过平面媒体、电视媒体以及互联网等多种传播手段，在马拉松赛事中获得社会热点事件和传播内容，保障其受众需求，并通过信息发布、现场直播和赛事报道等形式，直接辐射马拉松关注人群，保障赛事和品牌传播。

思考题：

1.如何看待传媒广告的作用(包括积极作用和消极作用)？

2.分析传媒广告的营销作用。

参考文献：

1.刘海贵:《中国报业发展战略》,上海人民出版社 2006 年版。

2.宋建武:《媒介经济学》,中国人民大学出版社 2006 年版。

3.汤莉萍:《媒介品牌经营》,中国传媒大学出版社 2014 年版。

4.高萍:《广告媒介》,中南大学出版社 2005 年版。

第五章　媒介营销与市场策略

第一节　基本理论概述

媒介企业参与市场竞争需要营销管理，因为营销管理是企业形成竞争优势的核心能力。核心竞争力是企业持续竞争的优势之源，营销管理的本质，就是谋求企业的核心竞争力。媒介公司在从计划经济向市场经济转型的过程中，肩负着引导舆论宣传、重塑社会价值、复兴中华文化、提高媒体经济效益等重要使命。面对日益激烈的竞争，特别是外资传媒巨头的挑战，为了适应竞争环境的不断变化，媒介打造核心竞争力势在必行。营销管理是媒介培育和保持核心竞争力的必然选择。所谓营销管理，是指媒介根据外部环境和内部条件确定使命与战略目标，为求得媒介的生存和长期稳定的发展，对实现目标的途径和手段进行总体策划并付诸实施以及在实施中进行控制的动态管理过程。为了获得独特而持续的竞争优势，实现传媒社会效益和经济效益的双赢，媒介需要构建基于核心竞争力的经营战略。媒介营销战略包括资源分析、制定战略目标、战略实施、战略控制等，其中，制定战略目标是营销战略的重中之重。

营销是市场竞争的产物，随着媒介市场由原来的卖方市场转变为买方市场，同质化竞争越来越激烈，消费者的选择越来越多，传媒业进入营销时代，市场营销管理引入传媒领域，成为媒体吸引消费者、占领市场份额从而在激烈竞争中脱颖而出的重要手段。媒介市场策略的关键，是从产品导向向消费者导向转变，即以受众和广告商的需求为中心。其中，定位能力是媒介市场策略成功与否的核心，媒介应在市场调研和分析的基础上，根据经济效益与社会效益这一“双效益”目标来区隔市场，选择目标市场，进行市场定位。为满足所选定市场的需求，传媒需要整合资源，确定适当的营销策略，包括产品策略、价格策略、渠道策略和促销策略，以实现营销的目的——为消费者提供适销对路的产品及服务。

一、媒介营销与市场策略概述

市场包括供给与需求两个方面，从这个意义上讲，媒介市场应该包括媒介产品的提供者、消费者还有其他利益相关者。媒介产品的利益相关者比其他一般产品更重要。一般产品通常是由生产者和消费者共同决定的，而媒介产品并不仅仅是由生产者和消费者来决定的，甚至不是由消费者决定什么是最好的，决定媒介产品的还有媒介所有者、政府、广告商、社会大众等。从经济学角度来看，利益相关者决定了竞争者的生存空间。一个竞争者要生存和发展得好，并非只要符合投资人的愿望并使消费者满意就能做好，还有各种利益相关者，媒介的利益相关者的结构比其他产业要复杂得多。

根据传媒经济学家罗伯特·皮卡德(Robert Picard)的研究，媒体主要满足四种利益实体的需求。

第一种是媒体的所有者。他们的经济目标包括公司和公司资产的维持、投资的高回报率以及公司的发展和公司价值的提升。

第二种是受众，如读者、听众、观众等。他们购买传媒产品，消费媒介信息。受众追求的是高质量的媒体产品和服务、低廉的价格以及容易获取。

第三种是广告商。广告商将购买的传媒产品或信息服务附加在自己的产品上一同出售给另外的客户。他们的追求是:走近目标受众，低价发布商业信息，从广告媒体那里获得高品质的服务。

第四种是媒体组织内部的员工。他们更关心丰厚的报酬，公正、平等的待遇，安全和愉快的工作环境，以及从工作中获取的精神安慰。

其实，媒介利益相关者远不止上述四种，比如还有渠道商、分销商和特许经营者。他们是不直接为媒介工作，不需要为其支付报酬的个人或组织，他们购买传媒产品的目的是出售传媒产品或出售利用媒介的产品。

那么，什么是媒介市场呢？目前，对媒介市场的理解并不相同，有的理论研究者认为媒介市场是由多重利益相关者市场构成的，如媒介实体组成的市场、消费者市场、内部员工市场等，这里所说的媒介市场是从企业营销的角度，专指消费者市场。从企业营销的角度来讲，市场主要是指某种商品的现实购买者和潜在购买者需求的总和。换句话说，这里的市场专指买方，不包括卖方，或者说专指需求，而不包括供给。根据这个市场概念，传媒市场主要包括两个市场。

第一个市场是受众市场。传媒通过产品以服务满足受众需求，以内容网聚受众而形成的受众资源，就是所谓的“受众市场”，一般通过发行量、零售份额或收视率等来测量。受众市场形成的关键，在于传媒为消费者提供适销对路的产品、娱乐以及相关的服务，如报纸、杂志、图书、广播电视节目、电影和光盘等，不同媒介产品有不同的特色。媒介产品一般需要由消费者购买，但无线广播电视提供的节目则无须由受众支付试听费用。

第二个市场是广告市场。受众并不是无偿使用媒介产品的，媒介把读者、听众、观众的时间卖给了广告商从而获得经济利润。受众的时间是有限而宝贵的，他们付费阅读报刊，并不是主动地以获取广告信息为目的的；广播和电视的听众、观众，为了获取他们所需要的信息和娱乐，不得不同时“消费”那些喋喋不休的广告。而且，广告费用的多少，主要取决于接触广告信息的受众人数及其特征。由此可见，媒介机构是凭借受众的时间去获取广告市场的。广告收入已成为现代传媒最主要的经济支柱。广告市场对绝大多数传媒来说，都是兴衰、成败的关键所在。办好报纸或广播电视是获得广告的基础，但如果媒介不善于市场营销，即使产品质量上乘，也未必能在广告市场上取得成功。当然，并非所有的媒介都参与广告市场，如国外的公共广播(包括电台和电视台)，就属于没有广告的媒介。

二、媒介营销与市场策略的意义

媒介的营销战略，即媒介的市场战略，是指媒介为了求得持续、稳定的发展，在预测和把握媒介外部环境和内部条件变化的基础上，对媒介发展的总体目标作出的谋划和根本对策。市场战略实质上就是规划传媒的未来，是关于媒介总体发展方向、未来发展目标、实现目标的途径与策略的选择。简而言之，就是“做什么”和“怎么做”的问题。市场战略是传媒发展的根本要求，是传媒制订计划和进行经营决策的基础，主要包括资源分析、战略目标、发展方向、战略方针、战略措施等内容。

市场战略目标是战略谋划的核心部分。战略目标是指组织在特定期限内，考虑环境与条件的可能性，为实现其使命要求达到的预期结果。传媒组织的战略目标是其管理者确定的媒体未来业务的总方向、总目的、总特征和总的指导思想，它反映媒介管理者的价值观和媒介力图为自己树立的形象，揭示本媒体与同行业其他组织在目标上的差异，以及界定媒介的主要产品和服务范围及试图满足顾客的哪些基本需求。许多成功的媒介都制定了自己的战略目标，制定战略目标能够指引媒介前进的方向，并将所有的努力凝聚在一起。

在知识经济时代，市场战略管理在媒介竞争中起着越来越重要的作用，直接关系到媒介营销的成败。媒介市场战略的重要之处在于增强核心竞争力。在社会主义市场经济体制下，媒介成为市场竞争的主体，告别了"媒介无战略"的时代。随着工业经济时代到知识经济时代的转变，传统的企业经营模式已不适应竞争环境的变化，对媒介的经营管理也提出了更高的要求，即媒介需要建立基于长期而不是短期的发展战略。在市场竞争日趋激烈、媒介产品日趋同质化的今天，仅仅依靠媒介产品或短期的市场应变策略已经很难获得竞争优势，必须依靠长期的经营和管理能力来提高自身的核心竞争力。媒介要做强做大，离不开核心竞争力。媒介市场战略管理，特别是战略规划及其执行能力，就成为传媒打造核心竞争力的必然选择。

第二节　典型案例分析

案例一：综艺真人秀《爸爸去哪儿》营销方略

一、《爸爸去哪儿》营销策略剖析

《爸爸去哪儿》是由湖南卫视在 2013 年 10 月推出的一档大型明星真人秀节目。该节目以"越成长，越青春"为口号，是全国首档户外明星亲子真人秀。节目版权和模式引自韩国 MBC 电视台的《爸爸！我们去哪儿?》，并由《变形计》制作人谢涤葵及《我是歌手》制作人洪涛联袂打造。《爸爸去哪儿》节目为季播，每季共 12 期，参与嘉宾为明星带着各自的"星二代"；活动形式是在乡村艰苦环境下，进行每期 72 小时的生活体验。在此期间，明星们还原到了普通爸爸的身份，在没有妈妈参与的情况下独自肩负起照顾孩子饮食起居的责任，此外还要和孩子们共同完成一系列由节目组安排的任务，包括农村放羊、出海捕鱼、集市卖菜、野外生活等。

《爸爸去哪儿》一经推出就掀起了轩然大波，开创了亲子类真人秀的先河，

也给媒介市场带来了新鲜思路，节目之所以会取得成功，是因为制作单位与制作人明确了节目的市场定位，即以城市年轻父母为核心的观众定位，以亲子为题材，以明星为亮点，以清新、幽默、纪实为主要风格的内容定位和与亲子、家庭概念相契合的广告客户定位。在明确了市场定位的基础上，节目组又为《爸爸去哪儿》节目制定了差异化的产品策略：一是通过全新的户外综艺节目形式，将亲子、娱乐、教育、父爱等元素融入其中，形成了有爱又有趣的节目内容。二是充分利用了电视、网络多种传播渠道，不断加强与观众的互动，扩大节目的影响。三是运用整合营销策略，通过各种高超的营销手段，对节目进行全方位推广，最终造就了2013年富有传奇色彩的《爸爸去哪儿》节目。

（一）产品策略

1.节目内容的差异化

所谓的差异化战略是指媒体组织在满足消费者需求的过程中做到全部或者部分与竞争者对手有差异，以保证竞争优势。[①]《爸爸去哪儿》节目的差异化战略主要体现在以下几方面：

第一，寓教于乐——在休闲娱乐中体味育儿之道。

现在的社会，"男主外，女主内"的观念依然根深蒂固，男人外出赚钱养家，女人在家相夫教子。正因为如此，大多数爸爸们经常在外忙碌无法与孩子朝夕相处，也疏于履行父亲对孩子的教育责任。好的父亲是孩子从家庭通往外部世界的桥梁，爸爸的角色具有不可忽视的意义。《爸爸去哪儿》节目正是看到了父爱这种不可缺乏的重要性，以明星父子搭档，采用轻松、幽默的方式来表达和反思父爱、亲情及儿童教育等严肃课题。在节目里，每个家庭都能从中找到对应自己的教育方式，也能相应从明星爸爸的行为及反思中得到启发。可以说，《爸爸去哪儿》节目是真正寓教于乐，这也是它广受观众追捧的原因之一。

第二，寓情于真——在细微处凸显父子真情。

与一般明星真人秀不同，《爸爸去哪儿》节目走的是"综艺＋纪录"形式，既去掉了韩版拖沓的环节，也去除了其过于煽情、娱乐的部分，融入了更多的纪实元素，增加了人文情怀，凸显父子真情。无论是为儿子驱赶蚊子并用剩饭和报纸糊窗户，还是滑沙游戏中一直追随着女儿奔跑，节目没有使用任何渲染，都用镜头真实地记录着这些感人至深的细节，让观众体味其中浓浓的父子真情。加上节目中每期的宝贝个性鲜明，本色出镜，没有任何虚假的表演，各自吸引着一大批粉丝。

---

① 参见［美］菲利浦·科特勒：《营销管理》，梅清豪译，上海人民出版社2003年版，第5页。

第三，寓巧于拙——在意料之中寻求意外。

为了使节目内容更具看点，《爸爸去哪儿》采取了“无招胜有招”的节目编排方式。所谓“无招”是指整个节目没有传统意义上的编剧及剧本等，节目组的编剧仅仅是为了保证能让节目有序地进行下去，而为整个节目制定了一个框架，规定每到达一个外景地后，五组家庭必须遵循：一是集中保管手机，二是选定房间，三是发放中餐，四是完成节目组安排的任务等。至于这期间明星父子们会做出什么反应，引发什么状况，节目组则完全采取听之任之的方式，静待事情的真实发生。也正因为这样看似粗线条的设计，孩子们善良、单纯、本真的一面被淋漓尽致地展现出来了，而许多令观众捧腹大笑的经典话语及行为也都是在这种不经意状态下迸发的，真正属于“意料之中的意外”。

2.组合开发衍生产品

衍生产品开发是指企业通过改进原产品或推出新产品的方式扩大销售的策略。[①]《爸爸去哪儿》节目热播后，湖南卫视也采取了一系列措施，组合开发了节目衍生品。一是开发手机游戏，湖南卫视第一时间推出的衍生品是一款与节目同名的手机游戏。该游戏为内置式动作类游戏，通过让玩家扮演节目中任何一位明星爸爸或“星二代”，来完成游戏设置的各种任务。由于游戏是零门槛下载，推出后虽有一些负面评价，但依然大卖。该游戏不仅拓展了节目的口碑，吸引了更多的“爸爸”迷，还为湖南卫视带来了丰厚的利益。二是拍摄同名电影，该电影可以说是更像电影版的综艺节目，其总预算成本仅6000万元，属于小成本制作，但在2014年1月31日公映后，首日票房即突破9000万元，最后实现了近7亿元票房。用观众的话说，这部电影之所以成功，在于它相对电视节目来说完全没有突破，由此可见，《爸爸去哪儿》电视节目的余威犹存。三是出版同名图书，《爸爸去哪儿》这部图书于2014年1月出版，定价为39.8元，该书一经推出，广受家长及孩子的喜爱，许多书店甚至一度脱销，一书难求。

（二）价格策略

价格策略是指从销售额、利益媒介产品或服务的市场定位等角度来确定价格范围的战略。[②] 与国内其他明星真人秀节目一样，《爸爸去哪儿》节目的盈利模式也主要是依靠销售广告，通过确定合理的广告价格策略，来实现节目价值的最大化。由于“媒体组织的广告收入与媒体组织的市场占有率和对消费者的

① 参见张宏：《媒介营销管理》，北京大学出版社2006年版，第187页。

② 参见朱华锋：《市场营销原理》，中国科学技术大学出版社2010年版，第210页。

影响力是挂钩的"[①],《爸爸去哪儿》第一季与后续季分别采用了不同的价格战略。

1.第一季:通过成本导向定价法确定广告商

成本导向定价法是指以产品的成本为中心来制定价格的方式,它是企业最常用、最基本的定价方法。可以说《爸爸去哪儿》节目是广电"限唱令"调控下的产物,由于节目类型新、投资小、宣传强度也不高,赞助商甚至湖南卫视都对其没有信心,节目开播前还遭遇了原定广告商临阵脱逃的情况。因此,对于《爸爸去哪儿》第一季节目,湖南卫视采用了以成本导向定价为主的方式,通过洽谈来选定冠名商及广告合作伙伴,最终"999"感冒灵和小儿感冒药以 2800 万元的价格获得了冠名权,"思念"水饺及"英菲尼迪"汽车各花了 1200 万元取得了合作伙伴资格。随着节目的热播,许多广告商才纷纷加入节目的赞助。

2.第二季及以后:通过投标竞争定价法实现价值最大化

投标竞争定价法是指投标方根据招标方的条件,主要考虑竞争情况来估计标物的价格,而不是按照投标方自己的成本费用或市场需求来制定价格。因为有了《爸爸去哪儿》第一季的巨大成功,《爸爸去哪儿》第二季节目广告需求量大增,广告招商情况有了显著的变化。在节目第一季尚在热播即将收官的时候,湖南卫视就趁势为第二季举办了专门的广告招标会。虽然第二季为了确保节目的流畅性对广告时间总量进行了控制,从第一季的 24 分钟缩减至 18 分钟,但冠名费底价就达到了 1.5 亿元,硬广告起价 40 万～50 万元不等。虽然价格不菲,但广告招标会上这些广告资源仍受到各广告商的热捧。最终,《爸爸去哪儿》节目第二季的广告收益突破了 13 亿元,其中独家冠名费更是高达 3.1199 亿元,超出第一季 10 倍以上,也超过了湖南卫视《我是歌手》第三季 2.35 亿元的冠名费,比浙江卫视红极一时的《中国好声音》高出 6000 多万元,刷新了中国季播综艺节目冠名费的纪录。甚至有微博网民调侃:"《爸爸去哪儿》第二季 3.1 亿元的冠名费＝1 个《大本营》＋1 个《天天向上》＋999 个《中国最强音》。"可见,《爸爸去哪儿》第一季的品牌效应极大地坚定了广告客户的投资信心,也再次证明了王牌综艺节目的广告号召力。

(三)渠道策略

营销渠道是媒介产品或服务从媒体组织到达消费者手中所要经历的环节和过程,而渠道策略就是指为使目标观众接近或得到其产品而进行各种活动所

---

① 张宏:《媒介营销管理》,北京大学出版社 2006 年版,第 86 页。

采取的策略。[①] 中国人民大学新闻学院喻国明教授曾形象地指出:"长期以来,在传媒产业的价值链条中,有两大经营的重点:一是内容的生产;二是渠道的建设。这就犹如高速公路和它上面跑的车,内容生产是车,渠道建设是路。"[②]为了推广《爸爸去哪儿》节目,湖南卫视充分运用了各种媒介渠道,实现了电视、院线、手机应用和视频网络四屏联动直播,并综合运用各种网络营销渠道,实现与观众的互动,掀起了一轮新老媒体渠道联动传播的典范,使节目营销效果最大化。

1.电视

虽然受到手机、互联网的冲击,电视的强势媒体地位受到一定影响,但它目前在我国的普及率已达97.6%,仍是受众最多、频次最高的媒体渠道之一。《爸爸去哪儿》节目被安排在湖南卫视和金鹰卡通电视台同时播出,一方面是因为湖南卫视长期占据着省级卫视收视率霸主的地位,凭借着湖南卫视的超高收视份额,能为《爸爸去哪儿》节目的成功提供一大平台保障。另一方面,金鹰卡通拥有众多小朋友观众,湖南卫视希望通过父母陪伴孩子共同观看节目,来进一步扩大《爸爸去哪儿》的收视率。

2.网络

视频网站方面,在充分利用电视平台的同时,湖南卫视还积极加强与各网站的合作,进行多维互动,拓宽了节目播出平台。如将《爸爸去哪儿》删减的片段提供给优酷、腾讯等视频网站,再通过视频网站的二次加工,形成"长视频+短视频"的优势内容矩阵,既全方位满足了观众对节目的不同需求,又极大地增加了点击量,创造了不少收视奇迹。节目在优酷网综艺节目单集史上创下了几个纪录:最快破千万播放纪录、最高播放量纪录及优酷平台播放量和搜索量上升最快纪录等。

微博方面,目前我国共有2.5亿微博用户,作为网络舆情中心,微博具有极强的互动性,从爆料到舆论生成,速度极其迅猛,故其一直占据着公共传播的核心地位。湖南卫视高度重视利用微博这一营销渠道。

第一,设立具有官方性质的栏目微博。利用微博进行同步直播或及时发布能引发话题的有关节目的图片或视频信息,由网友进行点评或转发,让他们做到时时交流,轻松分享,既满足了观众对节目信息的需求,又增强了观众对节目

① 参见张宏:《媒介营销管理》,北京大学出版社2006年版,第115页。

② 转引自李翔:《内容为本 渠道制胜——从〈爸爸去哪儿〉看电视真人秀节目的社交营销》,《新闻实践》2013年第12期。

的关注度,有效地带动了节目的收视率。[①] 同时,湖南卫视为《爸爸去哪儿》节目在百度中建立了专门的贴吧及博客,让网民在上面自由发表言论,而湖南卫视也会对网友好的意见、建议进行收集整理,并在节目中反馈出来,从而形成网友与节目的良性互动。

第二,充分利用明星微博。首先是参与节目的明星爸爸微博,以第一季为例,自《爸爸去哪儿》节目开播后,5 位明星爸爸日益受到关注,其微博粉丝数都呈几何基数增长。以原来名不见经传的张亮为例,自节目开播当天,他的微博粉丝数就由原来的 10 余万猛增到近百万,之后更是高达数百万。嘉宾中最具知名度的明星爸爸林志颖的微博粉丝则超过了 3000 万。其次是利用湖南卫视知名主持人的微博,何炅、谢娜、汪涵、李维嘉等知名主持人纷纷在其微博上对《爸爸去哪儿》节目表示了关注和支持。这些主持人都有着超强的人气和强大的号召力,对《爸爸去哪儿》节目也起到了广泛的传播作用。

第三,充分利用其他微博。包括利用赞助企业的微博平台及新浪微博、腾讯微博、人人网等媒体,对《爸爸去哪儿》节目进行了广泛的传播,扩大了节目的知名度和影响力。

官方互动 App“呼啦”方面。手机平台孕育着广阔的市场,湖南卫视也充分认识到了这一点,充分利用其 App“呼啦”在手机用户中为《爸爸去哪儿》节目造势。“呼啦”是由湖南卫视与上海宏蝠网络有限公司合作开发的一款手机应用软件,该软件将电视与游戏相结合,并能实现互动。此次湖南卫视启用了 App“呼啦”这个渠道,为《爸爸去哪儿》节目海选了 30 对草根父子和 300 位普通观众,并安排他们与 5 组明星家庭一起参与《爸爸去哪儿》大屏幕首映礼。通过这些活动,使节目在播出前就聚集了广泛的人气。

3.电影

电影版《爸爸去哪儿》这部投资小、拍摄时间短、严格意义上不能称之为“电影”的电影,在创造了 7 亿元票房收入的同时,也为《爸爸去哪儿》节目掀起新一轮的热议,更为《爸爸去哪儿》第二季打下了坚实的观众基础,使大家对第二季的星爸、萌娃多了一份期待。此外,湖南卫视还通过微信平台及撰写各类软文等方式,对节目进行宣传,最大化地拓展节目的观众群。

(四)促销策略

促销就是以信息沟通为手段,向消费者传递企业及其产品的信息,并突出

① 参见施育华:《国内真人秀节目整合营销模式研究》,北京交通大学硕士学位论文,2011 年。

产品的差异及特色，以达到刺激消费的活动。促销策略是指利用各种信息载体与目标市场进行沟通的传播活动，包括广告、人员推销、营业推广与公共关系等。①

1.全方位的广告宣传

一是投放直接广告。除利用其自身的播出平台外，湖南卫视还通过网站、微博等投放了大量的节目广告，使节目尽量做到街知巷闻。为宣传电影版《爸爸去哪儿》，湖南卫视还在央视少儿频道投放了上百万的广告，取得了较好的成效。

二是投放其他广告。为了做好节目宣传，湖南卫视还凭借其影响力，不断拓展高端宣传平台。在《爸爸去哪儿》第二季播出后，首都机场T2航站楼破天荒地全天滚动播放了《爸爸去哪儿》宣传片。而这一广告，无形中提升了节目的档次，也进一步延伸了节目的观众途径。

2.成功的营销活动

为了给《爸爸去哪儿》节目开播造势，湖南卫视除精心制作了节目宣传片外，还先后举办了三次新闻发布会，并首次提出"电视节目大片首映礼"的概念，于节目播出前3天在长沙举办了《爸爸去哪儿》节目"首映观影礼"仪式，邀请5位明星爸爸带着孩子们在全国80多家媒体记者面前集体亮相。孩子们的表现让现场气氛非常活跃，各位"星爸"也对节目进行了高调宣传，吸引了各大视频网站、微博及社交媒体的持续关注，为节目的正式开播做好了全方位的铺垫。为了给《爸爸去哪儿》第二季节目造势，湖南卫视又另辟蹊径，通过在全球海选嘉宾扩大节目影响。此外，节目的录制地点、嘉宾完成的任务等节目安排，也将由网友投票选出。这一策略极大地提高了观众参与节目的积极性，也拉近了观众与节目的距离。

3.有效地整合利用资源

湖南卫视一贯重视节目资源的整合，一旦电视台正在热播某部电视剧或电视节目，必定会邀请剧中演员或节目嘉宾参加其知名综艺节目《天天向上》或《快乐大本营》，利用这些平台，挖掘节目背后的趣闻乐事，进一步扩大节目的影响，推高收视率。《爸爸去哪儿》节目依然沿用此法，成效显著。在《爸爸去哪儿》节目热播后，湖南卫视对于后续筹划的同名电影也给予了最好的宣传资源——元旦的跨年演唱会、小年夜的湖南春晚、元宵晚会都对该电影进行了大力宣传。此外，湖南卫视旗下的金鹰卡通、"呼啦"、快乐购等也都对电影进行了预热宣传，这对日后电影的巨额票房起到了积极的推动作用。

---

① 参见朱华锋：《市场营销原理》，中国科学技术大学出版社2010年版，第216页。

4.合理的档期安排

虽然相对于电影而言，电视的播出档期重要意义要小些，但《爸爸去哪儿》节目还是抓住了电视屏幕的空档期，选择了适宜的播出时间，占据了天时的优势。以第一季播出为例，纵观2013年前三季度，各大卫视的争夺战主要集中于歌唱类真人秀节目，而观众也已经对这类节目产生了审美疲劳。因此，当湖南卫视推出《爸爸去哪儿》这样一档全新的节目形态后，立即给观众带来耳目一新的感觉，也赢得了强大的收视率。此外，电影《爸爸去哪儿》的档期也选择得非常成功。该片凭借着电视节目积累的超高人气，瞄准了春节档期上映，而这一假日档期是最适合放映像《爸爸去哪儿》这样的“合家欢”电影的。合理的档期安排使这部小成本制作的电影取得了出人意料的大回报。

5.广为传唱的主题曲宣传

《爸爸去哪儿》节目同名主题曲，是由曾多次创作过“快男”“快女”主题曲的才女吴梦知和著名词曲家叶圣涛联袂作的词，由号称“台湾金牌音乐制作人”的吕绍淳作的曲，并由明星父子们倾情演唱。这首歌曲调朗朗上口，歌词调皮又不失温馨，受到业内外人士的高度评价，在各大音乐排行榜中均排名第一，成为年度最红的华语歌曲。随着主题曲的广为传唱，《爸爸去哪儿》已经深入人心，无形中对节目起到了较好的传播。据网上报道，厦门有所小学将课间操音乐换成了《爸爸去哪儿》主题曲，当音乐响起时，学生们都会不自觉跟唱，甚至成了全校大合唱，这首歌曲的受欢迎度可见一斑。

6.热销衍生品的推动

《爸爸去哪儿》节目取得了巨大的成功后，湖南卫视也迅速拓展其产业链，开发了一系列衍生品。而随着衍生品的持续热销，既拓展了节目的赢利空间，也进一步扩大了节目影响。据统计，《爸爸去哪儿》同名手机游戏的下载量已经破亿，同名图书也在各大书店里销量排名前列，同名电影票房更是突破了7亿元。这些衍生品的热销，延续了观众对节目的热情，也为《爸爸去哪儿》第二季的开播汇聚了广泛的人气。

二、《爸爸去哪儿》营销战略制胜之道

目前，《爸爸去哪儿》已成为最具收视率和影响力的明星真人秀节目之一，分析该节目成功的因素，我们可以看出成功的媒介产品制定独到的营销策略才是其制胜之道。

第一，要具备敏锐的战略眼光。要在纷繁复杂的营销形势中，结合自身的

优势、劣势，抓住各种机遇，寻求最佳的战略思路。

第二，要有精准的市场定位。市场定位包括核心观众的定位、节目内容的定位以及广告客户定位等。要在众多的观众群中，找到节目的核心观众群及潜在观众群，并根据他们的需求及特点，相应策划节目内容及风格，进而达到吸引这些观众的目的。核心观众群及潜在观众群的消费能力及潜力又直接影响着广告客户的最终决策。[①] 因此，精准的市场定位是节目成功的有效保障。

第三，要实施高超的营销手段。这包括能令节目脱颖而出、广受欢迎的产品策略，能使产品价值最大化的价格策略，能使产品广为传播、广为接受、广受喜爱的渠道策略及营销策略。高超的营销手段是节目成功的关键。[②]

第四，要提高原创能力。我国虽然拥有全球最多数量的电视台、电视节目和电视观众，但我国却极度缺乏优秀的原创电视节目。目前，在国内具有一定知名度的综艺节目，均是引进自国外的节目版权或模仿国外节目形式。国内电视行业甚至流传着“一直在模仿，从来不创造”的说法。《爸爸去哪儿》节目也没有摆脱这一窠臼，仍属于“拿来主义”。如何结合中国人的收视习惯和文化心理打造出适合我国国情的节目，尤其是在当前对“节目克隆”的一片批评声中，具有重要的意义。未来，电视节目业的竞争将会更加激烈，各类明星真人秀节目还会不断涌现，而其中只有能紧紧扣住市场脉搏、深深吸引观众眼球、时时开拓创新的节目，才能最终笑傲江湖。

第五，要深挖节目的人文内涵。对于电视娱乐节目而言，文化内涵永远是第一位的，无文则行之不远。作为一档知名的明星亲子类真人秀节目，《爸爸去哪儿》更应坚持高品质、高品位的创作导向和凸显文化内涵的创作理念，要做到给观众带来快乐的同时潜移默化地向观众传达更深层次的文化内涵，使观众明善恶、趋雅致。因此，《爸爸去哪儿》要想继续获得成功，应在文化内涵上有所突破。“民族的才是世界的”，要充分汲取并融入中华传统文化精髓，如将传统的礼仪之道、为孝之道等思想融入节目中。

案例二：自媒体营销代表“罗辑思维”

一、“罗辑思维”的整合营销传播

“罗辑思维”是北京思维造物信息科技公司的主要经营产品，该公司的法定

---

① 参见王兰柱主编：《中国电视收视率年鉴（2004）》，华夏出版社 2004 年版，第 285 页。

② 参见宗匠：《电视娱乐节目理念、设计与制作》，中国广播电视出版社 2003 年版，第 188 页。

代表人是资深媒体人、前央视“对话”栏目制片人罗振宇，而该公司主要经营的产品就是《罗辑思维》——知识性视频脱口秀节目。北京思维造物信息科技公司刚刚建立初期，整个公司只有40名员工，其中技术团队10人，其他为内容运营和商品团队，是一家典型的中小企业。但截至2017年底，其独立运营的《罗辑思维》的视频播放数达8亿多次，视频订阅人数达360万；微信平台上也有上百万的订阅用户。

自媒体“罗辑思维”取得成功的关键，一方面来自其强大的内容制作能力，另一方面则得益于其独特且有力的市场营销手段。“罗辑思维”在进行营销时，不仅有线上多渠道整合营销，而且有线上线下整合等多种形式，这对于当前的自媒体营销有着很高的指导意义。它揭示了自媒体营销的创新价值，总结了中小企业在进行自媒体营销过程中可以汲取的经验、需要关注的问题，并提出了相应的解决办法。

（一）线上多渠道整合营销

“罗辑思维”具有多种自媒体形式，主要有优酷、微博、微信公众号等，不同形式的自媒体扮演着不同角色，其以《罗辑思维》视频为中心，整合微信与微博，构成多渠道多层次的营销模式。《罗辑思维》视频以每周一次的速度更新，以独特的视角向观众提供新颖的知识；在微博上，“罗辑思维”官方微博（“罗辑思维”朋友圈）以及罗振宇的微博等一系列微博组成了“罗辑思维”微博宣传阵地，借助微博、微信平台，可以将相关的活动宣传效果扩大很多。

（二）线上与线下整合营销

“罗辑思维”的线下营销主要是相关线下活动的宣传与各类演讲会的宣传，如“罗辑思维”进行的“霸王餐”活动，在视频、微博、微信中大量宣传造势，线下活动开展后，相关线上成果展示马上跟进，而且各种媒体的跟风报道让“罗辑思维”大爆其名，起到了良好的整合营销效果。

（三）个人魅力与社群经济结合的整合营销

“罗辑思维”的爱智求知、死磕精神都和其主讲人罗振宇息息相关。罗振宇的博学以及对互联网的狂热喜爱都让其形成了独特的魅力人格体，这种魅力人格体吸引着观众以及粉丝们，而社群就是围绕着这种魅力人格体而建立的。所谓“社群”是近年来突然兴起的新名词，就是通过一群人的聚集，让人与人之间通过这个社群产生连接，嫁接资源，从而产生商机。[①] 目前，“罗辑思维”的社群核心主要是会员和微信订阅户，这就构成了一个庞大的社群体，正是基于这样

① 参见李雪娟：《社群经济发展策略研究》，云南大学硕士学位论文，2015年。

一个庞大的群体，一些营销活动得以顺利进行。如“罗辑思维”前后两次的会员招募，价值 499 元的书籍销售等，都是依靠数量巨大的社群完成的，个人魅力与社群相结合同样取得了很好的营销效果。

（四）“罗辑思维”的 4I 策略

20 世纪 90 年代，美国西北大学市场营销学教授唐·舒尔茨提出的“网络整合营销 4I 原则”即趣味原则（interesting）、利益原则（interests）、互动原则（interaction）及个性化原则（individuality）。[①] 4I 原则完全从用户角度出发，以吸引用户注意力，鼓励用户参与为基本目标，对自媒体营销的发展具有重要指导意义和实用价值。

1. 趣味原则

“罗辑思维”的口号是“有种、有趣、有料”，“罗辑思维”每周发布一次富有趣味又发人深省的脱口秀节目视频，并每天坚持在 6:30 推送 60 秒语音，正是上班白领起床用手机的时间。为了满足受众的口味，罗振宇在话题讲述的过程中，注重采用轻松幽默的形式。每一期节目的主题都非常博人眼球、引人注意。例如，第三季第六期的节目主题是人类灭绝的一种可能性，讲述人工智能可能已成为人类的一种威胁，该话题曾在世界范围内引起热议，也一直是人们所关心、关注的领域之一，所以该期节目也必然会有许多人感兴趣，特意去观看。该期节目播出 5 天内播放次数就达 150 万次，评论数也达到上千条。除了《罗辑思维》节目视频内容的有趣性，“罗辑思维”的其他活动形式也富有趣味性，例如“霸王餐活动”。

2. 互动原则

与传统广告相比，互动是自媒体营销的最大特性，企业可以通过平台与目标用户直接对话，及时回复反馈的问题，且能够感知到用户对企业的评价和好感度。[②] 在日常的运营中，“罗辑思维”的创始人团队长期坚持亲自在微博、微信及客服系统中面向用户回复意见，解决客服问题，与用户进行直接互动。此外，在 2013 年的时候率先提出与有道云笔记合作，鼓励用户利用有道云笔记与节目组分享心得，而节目组团队也会挑选部分内容呈现在节目上，这种做法不仅集合了大家的智慧，而且让用户更加具有参与感，提升了用户的价值认同感和凝聚力。

---

① 参见裴扬、王丽斯：《基于〈罗辑思维〉的社群及社群经济初探》，《新闻研究导刊》2015 年第 6 期。

② 参见张贞：《从“罗辑思维”看自媒体传播特质与生长空间》，《传媒观察》2014 年第 10 期。

3. 个性原则

“罗辑思维”在微信平台上经营有自己的微信店铺，里面提供了很多个性化的产品，其中很大部分是会员们自己制作或者生产的。其中有一项服务，是派对策划，主要服务内容包括主题派对的流程设置、互动游戏环节建议、场地布置建议、服装造型建议、餐饮建议、主持人着装及演出建议、海报设计、主题音乐定制、表演培训，等等。个性化鲜明的服务与产品，让“罗辑思维”在众多自媒体中脱颖而出。

（五）“罗辑思维”的运营策略

自媒体微信公众号的运营者要对其平台的定位、栏目的设置、推送的内容、宣传模式、广告投放等方面进行系统的规划和运作，才能达到公众号想要完成的营销目标。

从传播主体方面来看，“罗辑思维”的创办者罗振宇，不仅是自媒体脱口秀的主讲人，也是资深的传播专家和媒体人。《罗辑思维》是他在 2012 年底与独立新媒创始人申音合作打造的脱口秀视频节目，这个自媒体人打造的产品，很快就成长为全新的互联网社群品牌。人在社交网络中是一个重要的组成部分，一个人想要在微信公众号这个平台里获得更多的关注者，就要给用户追随你的理由。人们只会因为你做了什么而记住你，所以你的作为极其重要。“罗辑思维”的传播主体罗振宇，用自己的人格魅力吸引着用户们的关注，特别是他的死磕精神，罗振宇为了做好节目和语音，自己死磕各种书籍，正是这种做法让罗振宇获得了用户发自内心的尊重与信任，凸显了他的人格魅力。

从传播内容方面来看，“罗辑思维”在内容的运营上有一个最大的特点，那就是对微信语音功能的充分利用。365 天每天早上 6 点半向用户推送一段 60 秒的语音内容，为了凸显产品的人性化，他还将 60 秒语音的文字版写在文章之中，这种方式已经足以让其在微信公众号中独树一帜。独创 60 秒的语音不仅仅表示了罗振宇每天的坚持，更是将罗振宇这个人物形象变现得更为立体。通过声音这种媒介，用户能感受到人与人交流的氛围，使得传播内容更具吸引力。用户通过这 60 秒的语音，接收罗振宇的情感、个性，也是人格魅力传达的一种补充。“罗辑思维”的推送并不是主动的，用户只有回复关键字才能获取信息，这也是其运营上的一个很巧妙的地方。通过聆听，然后回复获取这样简单的动作，无形之中就增加了与用户的互动，这种方式也筛选出了“罗辑思维”真正想要的用户群体，使得其用户质量提高。

从传播对象方面来看，“罗辑思维”在传播对象上下了不少功夫，例如微信每天推送语音,如果有些用户没有坚持收听这个 60 秒语音的习惯,那么他就无法回复关键字,就会错过很多内容,相当于这部分无法坚持这个习惯的用户就被筛选出去了。此外,“罗辑思维”采取会员制度来召集精准的用户,在这个召集的过程中设置了障碍,比如会员费就有 200 元和 1200 元的区别,有的人一看见这个数目就会望而却步,如果微信没有绑定银行卡,有些人也会因为支付过程的繁琐而放弃。在这些障碍下,“罗辑思维”就基本上能够挑选出真正喜欢并支持它的用户了,有了这样高质量的用户,就能更好地传播自己的理念与产品。这种通过设置障碍来筛选用户的方式,为成为一个独特而团结的社群提供了可能。罗振宇想要打造一个有灵魂的知识社群,所以对于“罗辑思维”来说,传播对象的定位是一个非常重要的环节。[①]

从传播渠道方面来看,其实,“罗辑思维”并不单纯就是一个公众号,它是包含了多种传播模式的综合体,比如在优酷视频里,它有自己的视频节目,其传播主体罗振宇也会写一些文章传播自己的理念,它的微信公众号能够吸引众多的订阅用户,成为自媒体浪潮中一个瞩目的案例。“罗辑思维”通过其他媒体渠道引流到微信中去,实现各种媒体相互联动效应,同时借助朋友圈的力量,通过熟人的推荐吸引了有共同兴趣的一批用户。此外,通过线下活动的开展,能够凝聚核心用户,带动边缘用户,引发口碑传播和互动传播。

从商业模式方面来看。“一千个铁杆粉丝理论”是凯文·凯利在《技术元素》里所提到的一个理论,简单说这个理论就是创作者只需要 1000 名铁杆粉丝便能糊口,而“铁杆粉丝”的含义是无论你创造什么样的产品,他们都愿意付费购买。[②]“罗辑思维”的会员制度就是在培养自己的“一千个铁杆粉丝”,正是依靠着这“一千个铁杆粉丝”,其所做的互联网试验才能够成功。比如罗振宇在出版业做了一次试验:他推出了一套图书包,限量发售 8000 套,定价为 499 元。值得注意的是,读者在下单之前并不知道自己买的是什么书,出乎很多人意料的是,该图书包一经推出便受到“罗辑思维”粉丝的极大关注,1.5 小时内图书包便售罄,进账 400 万元。这仅仅是“罗辑思维”众多成功的互联网试验中微小的一个,“罗辑思维”的互联网试验还含有“众筹”这个概念。近年来,众筹模式随着电商和微博、微信等社交平台的兴起和发展不断地被学界和业界提及,然而众筹模式是违背传统品牌成长规律而发展起来的,所以未来必将受到考验。怎样保持用户的不离不弃,仍是“罗辑思维”必须思考的一个问题。

---

① 参见杨欣怡:《从用户视角分析微信公众号“罗辑思维”》,《西部广播电视》2014 年第 10 期。

② 参见刘中慧:《〈罗辑思维〉的三大平台市场定位与运营效果分析》,《经营与管理》2018 年第 2 期。

二、自媒体营销策略剖析

自媒体微信公众号自2013年上市至今，规模不断扩大，经过几年的发展，其面临的运营压力和运营成本也不断上升，但这并不影响公众号市场的刚性需求。作为自媒体，在注重内容产品生产的同时，更应该深入研究用户、寻求更科学的媒介市场运营策略，以保持和发挥自身的积极性，参与到市场竞争中。“罗辑思维”作为一个自媒体，在微信公众号上进行品牌营销，宣传品牌价值观，吸引了众多关注者，并凭借这些关注者对品牌价值观的深度认同完成了社群建设。除此之外，在通过会费、微信商城、广告和融资等途径实现了盈利的同时，还注重维护社群生态，实现了可持续发展，其一系列成功经验值得其他自媒体进行学习。

（一）在自媒体传播特征的基础上制定营销策略

自媒体在微信公众号上实施品牌营销的前提之一是对其传播特征的充分了解和利用，微信公众号有着语音功能突出、私密性较强、推送次数受限制的传播特征。“罗辑思维”就顺应了这些特征，利用微信公众号平台的相对私密性，采取品牌人格化的方式使用户感觉自己关注的是真实的个人，拉近与关注者间的心理距离。此外，“罗辑思维”公众号坚持每天推送一则罗振宇本人的60秒语音和一篇特色文章，充分利用有限的推送次数塑造品牌形象，体现内容特色。

（二）鲜明的品牌形象和富有特色的传播内容吸引目标用户

没有任何一家自媒体能够得到所有人的认同和喜爱，所以自媒体在微信公众平台进行品牌营销时，要明确自己的目标市场，通过鲜明的品牌形象和富有特色的传播内容吸引具有相似特征的目标用户群，从而促成品牌社群的建设。定位清晰，明确公众号的目标人群，带给用户有价值、差异化的推送内容，为优质内容的撰写奠定基础。“罗辑思维”一开始明确自己的定位，即以幽默、个性、风趣、主动的方式向爱知识的社会精英和学生群体传授自己独特的知识，以原创、独特、情景式表达形式和多样化的内容为王牌，让目标用户进行学习和获得支持。

（三）在品牌社群建设过程中注重量与质的平衡

品牌社群能否带来社群经济效益，带来多大经济效益，要受群体规模、成员凝聚力、群体价值观导向等多种因素影响，并不单单取决于群体人数。[①] 所以自

① 参见夏守智：《在知识中寻找见识——浅析网络自媒体脱口秀〈罗辑思维〉》，《新闻世界》2014年第4期。

媒体在品牌社群建设过程中不能单单追求社群成员数量,要注重量与质的平衡,使得社群内部成员保持较为统一的价值观,从而维持较高的群体凝聚力。“罗辑思维”在完成品牌定位成功招募万名会员后,急流勇退,取消直接入会方式,仅允许会员资格转让,这一做法短期内会影响会费收入,但从长远上看,维护了社群生态,有利于社群的可持续发展,值得其他自媒体营销时借鉴。

(四)打造流量经济,实现渠道多样化

以微信公众号平台为主,优酷、知乎、微博以及“今日头条”等其他平台为辅,渠道之间实现互相补充,形成有机盈利的整体。“罗辑思维”之所以运营成功,成为自媒体运营的经典案例,在开拓营销渠道方面功不可没。其通过视频脱口秀、微信公众号、微博、喜马拉雅以及线下活动等多样化的渠道推广和宣传,积累粉丝,从而提高影响力。在量化和影响力稳定的情况下,通过流量进行盈利,如“罗辑思维”开展了会员收费,会员缴费后可获取独有的产品和服务。另外,其微信公众号自身的传播也是一个封闭性的传播模式,通过微信公众号打开营销渠道,形成整体联动,提升影响力,才能实现流量盈利。

思考题:

1.举例说明,媒介应该如何细分市场。

2.媒介选择目标市场时可采取哪些策略?

3.新兴媒介与传统媒介在进行营销和制定市场策略时有何区别?

参考文献:

1.钱晓文:《当代传媒经营管理》,中山大学出版社 2008 年版。

2.宋建武:《中国媒介经济的发展规律与趋势》,中国人民大学出版社 2005 年版。

3.包国强:《媒介营销》,清华大学出版社 2005 年版。

4.[美]菲利浦 · 科特勒:《营销管理:分析、计划、执行与控制》(第九版),清华大学出版社 1997 年版。

第六章　媒介品牌经营与管理

20世纪50年代，大卫·奥格威在《一个广告人的自白》中的第一次明确提出了“品牌”的概念。在同质化竞争越来越普遍的今天，“与众不同”的品牌已成为传媒提升核心竞争力的重要手段，传媒业已进入了塑造品牌的时代，“内强素质，外树形象”成为传媒品牌建设的必然要求。美国学者凯文·曼尼在其《大媒体潮》中曾经预测，21世纪的传媒之争将是品牌之争，无论是同类传媒品牌之间的市场争夺，还是新兴传媒品牌对传统品牌的资源侵占，都会使媒体市场之争愈加激烈。

第一节　基本理论概述

品牌是媒体与受众连接最有效、最忠诚的载体，是资本成本、时间成本、人力成本、智力成本打造的长期资本，是媒体运行的强力支撑点。

媒介品牌的内涵可以从两个方面来理解：一是整个媒介本身所有的凝聚消费者注意力的独特语言符号，如具有强大影响力的凤凰卫视；二是可以指媒体的著名栏目，如央视的《焦点访谈》《经济半小时》等。[①] 品牌是传媒竞争的一种重要工具，传媒应用品牌营销的原则来吸引受众，提高受众的忠诚度，以及抵御竞争对手的进攻。

一、何谓媒介品牌经营？

品牌经营是通过品牌实力的积累，塑造良好的品牌形象，从而建立消费者

① 参见王钧、刘琴：《文化品牌传播》，北京大学出版社2010年版，第134页。

忠诚度,形成品牌优势;再通过品牌优势的维持与强化,最终实现创立品牌与发展品牌。[①] 知名度和品牌产品是企业赢得生存和发展的关键所在。品牌本身是企业价值最大、重复利用率最高的特殊商品,是企业实现战略扩张的重要依托。因此,善于进行品牌经营是一个企业在市场竞争中必不可少的战略选择。没有品牌效应,许多企业的发展将举步维艰。

目前,中国正逐渐步入资本角逐的市场,很多中国领先企业都面临市场变局——品牌重铸,必须从战略高度去看待品牌经营。品牌经营与产品经营不同,产品经营主要是保证产品的品质与功能,提高消费者使用产品的满意度和价值感;而品牌经营是一种核心的信念,贯穿于整个企业之中,形成企业文化的核心,它所经营的不仅仅是形象,还包括认同,这种认同反映了品牌的个性,体现了企业的实力。因此,品牌经营是企业竞争继单纯的产品竞争、价格竞争、技术竞争、服务竞争之后的高级阶段,是多种手段的综合。

传媒的品牌经营,既包括了整个媒介的品牌经营,也包括了媒介内部频道、专栏、节目等的品牌经营。总体而言,传媒品牌是媒介组织在目标受众心目中所需要确立的一种形象,体现的是一种"量身定做"的概念,为目标受众专门设计的、表现个性的经营姿态。传媒的品牌建设,就是在一个"品牌"与一个"消费"或"受众"之间建立一段良好的关系。媒介的品牌竞争,导致了各家媒介广告投放的增加。关于媒介形象的广告,不仅在户外广告中,而且在广播电视节目中频繁出现。如《计算机世界报》等报纸一种以信息消费者为买方市场的经营理念,下大力气做好整合营销传播,全方位出击,致力于打响自己的品牌。

二、品牌经营对媒介发展的重要性

随着市场经济的发展,消费需求差异化越来越明显。为迎合差异化的市场需求,企业只有注重差异化经营,生产出有特色的品牌产品,才能在激烈的市场竞争中取得成功。传媒要想在未来的竞争中抢得先机,就必须在创新机制、打造品牌上下功夫,尤其是借鉴国外传媒在品牌建设方面的经验,寻找一条适合中国的传媒品牌建设之路。

(一)品牌经营有助于提升传媒核心竞争力

今天的市场已进入了品牌消费时代,市场的竞争已经转变成了品牌的竞争,只有富有个性化的产品才最富有竞争力。媒介竞争从某种意义上来说就是

---

① 参见孔祥敏:《打造强势品牌的经营策略》,《区域经济评论》2005 年第 8 期。

品牌的竞争。品牌决定媒介的影响力和竞争力。谁能运用恰当的品牌战略,谁就能赢得市场。以品牌来建立媒介产品在市场上的地位,树立媒介形象,是十分有效的媒介竞争手段,也是媒介市场战略的重要组成部分。

中外传媒业发展的经验表明,品牌强则媒体兴,品牌弱则媒体衰。品牌战略是传媒在激烈的市场竞争中立于不败之地的必然选择。传媒竞争中引入品牌理念,对提升传媒核心竞争力具有重要作用。品牌是媒介核心竞争力的必要组成部分。品牌战略是培育企业核心竞争力的重要支撑,没有品牌战略,就难以形成持久的企业核心竞争力。一般竞争力的企业未必要有品牌战略,但没有核心竞争力的企业则必然是没有品牌战略的企业。品牌建设有助于我国传媒提高产业化经营水平,增强自身竞争力。

(二)品牌是媒介生存发展的根本所在

美国沃尔特·麦克道尔、艾伦·巴滕在其《塑造电视品牌:原则与实践》中指出,品牌资产对传媒机构的重要性主要体现在:一是成功的品牌更容易保持成功。二是可以利用它来支持品牌拓展。品牌名称的附加值可以转化到新产品上,使消费者更易于接受,从而推动新产品的销售。三是具有良好资产的消费品牌在宣传推广方面花费更少,也更有效。四是在大多数零售型消费品和电视节目中发现的"双重危险法则"。研究人员证实,最受欢迎的品牌,享有市场最大份额,也培养最忠实的顾客。双重危险法则影响的是较小的品牌,它们不仅顾客少,而且这些顾客在重复购买上也不如领导品牌那么忠诚。即使在这个小众营销时代,"小而忠"的消费者基础在现实世界也极为罕见。研究表明,最受欢迎的节目与不怎么受欢迎的节目相比,其忠实观众在数量上的差距是成倍的。因此,只有成功塑造了品牌忠诚度的媒介组织才能俘获忠实受众的心。

(三)品牌经营有助于开发和巩固媒介的受众资源

对于媒介来说,做媒介实际上就是做品牌。要建立和维持受众的忠诚度,就一定要通过做品牌来培养起一批忠诚度很高的受众。品牌的拥有者要通过品牌战略规划提高消费者对产品的认知度、忠诚度,树立良好的品牌形象,从而取得竞争优势以确保品牌的长远发展。

品牌对消费决策具有重大意义,在消费品越来越大同小异的市场中,品牌管理增加了消费者选择特定品牌的可能性,强大的品牌可以培养消费习惯。现在的受众和广告商面临着越来越多的选择,品牌可以帮助他们提高选择的效率。强大的品牌资产可以强化消费者的忠诚度,吸引新的顾客,保护产品免受竞争的冲击。传媒利用品牌管理的原则来吸引新的受众，提高受众的忠诚度。媒介是自由度和转换率最大的一个行业，不易形成依赖性，所以打造品牌对媒介来说更加重要，因为品牌是受众忠诚的维系度，也是受众或者广告客户选择媒介的驱动力。

（四）品牌是媒介广告经营的基础和依托

广告是媒介的经济命脉。在现行的机制下，广告额仍然是传媒品牌主要的经济支撑，广告额的购买者是广告商，而根据二次售卖理论可知，广告商看中的则是媒体产品的消费者规模。所以广告额是区分媒体品牌影响力大小的标志，体现了媒介品牌为消费者接受和认可的程度。

从经济学角度来看，广告是能表达传媒品牌被市场认可的重要标志，品牌与广告的关系密不可分，相辅相成。广告经营必须依托品牌、凭借品牌，否则就会失去广告经营的根本。在市场竞争条件下，谁拥有叫响的品牌，谁就拥有广告经营的主动权，越是知名度高的品牌频道、品牌栏目，就越能给媒体本身带来更多的利益。品牌既是有形资产，更是无形资产，越是品牌含金量高的频道、栏目，插播的广告就越多，广告的价位就越高。

三、媒介品牌经营的策略

传媒品牌推出前，务必进行细致的市场调查、策划设计和组织准备，从而能使品牌有准确的定位以及良好的形象；品牌推出后，在其投入期和生长期，应大力维护和创新品牌传播，以突出风格和个性，最大限度地刺激受众的"购买欲"。可以看出在媒介品牌运作的全过程中都离不开策略支持。

（一）市场定位

媒介品牌的建立首先要面对的就是媒介的定位问题。媒介定位，就是媒介如何满足受众对信息的需求，抢占媒介市场，形成媒介风格的一种策略。

目前，媒介市场已经由卖方市场转向了买方市场。买方市场条件下媒介进行市场定位的策略之一，就是对市场的细分。媒介市场细分是受众需求差异性与媒介影响力竞争加剧的必然结果。传媒的经营者必须对市场进行细分，对媒介进行定位，然后以独特的传媒产品去满足目标受众的需求。如此传媒品牌就会形成自已特定的内涵和风格，并牢牢占领观众的心。

（二）质量管理

随着市场竞争激烈程度的提高，媒介市场的消费者已从被动接受媒介转换成主动选择和主动参与媒介，媒介经营管理者都认识到质量取胜的必要性。企业实施品牌战略必须树立质量第一的思想，以质量战略作为品牌战略的核心和基础。

在实施质量战略时，第一，要树立品牌意识，确定质量目标，为媒介消费者提供优良的媒介产品质量、媒介服务质量和工作质量。第二，要明确品牌竞争优势，保持质量优先。第三，加强质量管理，加强品牌的宣传和保护。

（三）品牌识别

规划品牌媒介识别系统是一个完整的企业形象识别系统（CIS），包括三个基本要素：理念识别系统、行为识别系统、视觉识别系统。基于媒介产业化和集团化的发展趋势，CIS 理论也被运用到媒介品牌的设计、管理之中。

品牌媒介识别系统主要包括：(1)品牌名称；(2)品牌标志；(3)品牌色彩。这些识别系统有利于区别其他媒介并准确无误地表达媒介自我的独特性。

（四）价值构建

媒介品牌的价值构成可以分为两类：静态价值和动态价值。前者的要素组成包括品牌名字、品牌标识、品牌的产品（服务）指代、品牌的文化内涵、品牌的核心价值等，后者的要素组成包括品牌调查、品牌定位、品牌策划、品牌拓展、品牌维护和品牌评估等。媒介品牌的静态价值是动态价值的基础，动态价值保护和提升静态价值并影响着媒介品牌生命周期的各个环节。①

与一般商品品牌比较，媒介品牌采用的是大众传播手段，在受众中容易产生效果，也容易受到负面信息影响。一两次信息产品质量的落差，就可能使其品牌的稳定性受到冲击。因此，媒介品牌在受众中形成的忠诚度更显脆弱，品牌维护和发展的难度更大，又加之产业融合使市场环境处于不断的变化之中，所以品牌的动态价值更应该成为品牌管理的重点。

在管理媒介品牌的动态价值时，首先要进行明确的品牌定位，即要根据细分市场确定核心受众群体，考虑传媒产品的市场扩展来设计内容定位和风格定位。其次要注重品牌拓展，即通过横向和纵向的子品牌延伸来实现媒介品牌在传媒市场和其他相关市场的辐射效应。最后要注重品牌的维护，即要做到阶段性地创新传媒内容产品，保持住媒介品牌的质量。通过品牌动态价值要素的调整来有效地引导品牌静态价值要素形态由低级向高级转变，实现品牌整体的更新换代和价值持续增长。

---

① 参见金雪涛：《产业融合背景下的媒介品牌策略》，《商业时代》2008 年第 10 期。

第二节　典型案例分析

案例一：微信公众号“黎贝卡的异想世界”的品牌营销

“黎贝卡的异想世界”是一个致力于时尚传播的时尚自媒体品牌，目前涵盖微信订阅号、头条号、新浪微博、微信群、门户网站专栏等多种互动方式，以平民化的时尚传播内容、多样的传播方式、新颖的社群定位在时尚界产生巨大的传播影响力。

一、“黎贝卡的异想世界”定位策略

(一)类型定位：面向都市白领的时尚咨询类信息平台

个人微信公众号是个人创办的自媒体，是针对特定群体的圈子化的传播平台，因此，精准的功能定位是订阅者进行微信公众号选择的重要标准。[①]“黎贝卡的异想世界”定位于时尚资讯类自媒体，子栏目包括“叫醒你的衣柜、大牌必修课、好物清单、包治百病、除草机、黎贝卡在现场”等，囊括了时下最热门的时尚话题，包括奢侈品、时装秀、美妆等，且紧随社会热点话题，从真人秀、电视剧、电影等载体出发，面向都市白领，提供最新时尚信息，为粉丝们解析日常所见的时尚走势。

(二)内容定位：写粉丝所需的优质原创内容

优质原创内容是微信公众号安身立命的根本，个人微信公众号要想打造持续的影响力必须具备持续生产原创优质内容的能力。黎贝卡善于利用“命题作文”的方式来规避失败的风险。所谓“命题作文”就是将选题的话语权交给了订阅用户，根据用户所反馈的“想看的内容”来进行选题，相当于“内容定制”。这种选题方式可以在相当大程度上减少运营者在选题方面的顾虑，写作时就可以有的放矢。另外，这种选题方式也强化了订阅用户心中“为我而作”的良好情感，增强了订阅用户阅读时的代入感，解决了订阅用户“跟我有关”和“对我有用”的两大刚需。

(三)功能定位：时尚知识课堂

功能定位与类型定位在一定程度上有相似性，但又有明显的区别。类型定

---

① 参见王中雪：《“咪蒙”微信公众号的社会化营销策略研究》，《新闻研究导刊》2016 年第 13 期。

位主要帮助用户来分清此订阅号所属的类别，但功能定位则侧重于在用户阅读过相关文章之后，对用户产生的帮助。

黎贝卡跟随自身兴趣和生活经历的指引，将个人订阅号的功能定位为“时尚知识课堂”，分享自己作为时尚爱好者的经验与智慧，做“与普通人的时尚消费相关的内容”，为他们提供更具有贴近性的时尚导购指南。她在功能介绍一栏写道：“让时尚更有趣！”这是她确定的可以深耕的垂直领域，让她一步步成为“买神”。很多粉丝在产生消费行为时会在下方留言说：“卡卡的推荐！”可见黎贝卡从行为上影响了自己的粉丝，从而实现其设定的功能。

（四）风格定位：理性派话语的精炼阐述

行文风格是个人订阅号的独特标识，每个人都拥有最能体现自己独特性的行文风格。首先表现在话语风格上，对于黎贝卡而言，她始终坚持着“要时尚不要奢侈”的原则，这在目前奢侈之风甚嚣尘上的时尚圈成为一股难得的清流，并通过将“键盘牢牢掌握在自己手中”的方式，特立独行地保持着理性派话语风格。其次表现在诉求方式上，黎贝卡在撰写与品牌新品或新时尚风格时选择理性诉求，采用精炼的阐述和数据对比等方式向订阅用户传达新的知识与观念。如《叫醒你的衣柜：今冬最火的三款裤子，选对了鞋才是真时髦》一文中，在对阔腿裤、喇叭裤、BF 风牛仔裤的时尚史做了简要介绍之后，她根据裤长给出了详细的上衣、鞋履搭配建议，并将关键词标红。这些做法无一不体现着理性。

二、“黎贝卡的异想世界”的产品生产

传媒组织具有“二次售卖”的特点，个人订阅号作为一个微型的传媒组织也不例外。根据“二次售卖”原理，传媒组织创造产品主要有两种：一种是“内容”，即各种信息资讯，另一种是被内容吸引而来的“粉丝”。[①]“人”在自媒体生态圈中所起到的作用是极为重要的，尤其是在衡量自媒体内容产品质量和商业化前景的时候，订阅用户或者粉丝数量的多少已经成为最有限考虑的因素。[②]

（一）内容产品生产

1.选题角度准确且别致

自媒体运营者不必再绞尽脑汁寻找选题，互联网将社会的变化实时呈现，这本身就已经提供了无尽的选题空间，订阅号需要做的是在热点中找到新的切入视角。娱乐圈热点事件是黎贝卡选题的重要来源，如电视剧《我的前半生》收

① 参见黄楚新、王丹：《微信公众号的现状、类型及发展趋势》，《新闻与写作》2015 年第 7 期。

② 参见王海燕：《传统媒体微信公众号编辑与运营策略分析》，《编辑之友》2015 年第 2 期。

视大火，黎贝卡不谈感情与价值观，反而从时尚角度入手，写作一篇《〈我的前半生〉收官了，但罗子君的衣品进阶路才开始》，全面剖析了女主罗子君随着身份和日常生活的变化而展现的其穿搭上的惊人变化。此文一经推出，仅一小时阅读量突破 10 万，点赞数超过 1000 次。

2.内容清晰且切中要害

用户不再只满足于知道“是什么”，更想知道的是“为什么”。自媒体运营者需选择更具专业性的选题，用鲜明的观点与清晰的解释满足用户好奇心，同时深化选题内涵。黎贝卡深知现代女性对时尚的渴望，她在大家对韩剧《蓝色大海的传说》中女主角全智贤的搭配赞不绝口时，推出一篇《好物清单：全智贤的配饰，原来都是好看不贵》的推文。文中附有剧中截图，在进行饰品风格解析后也附上了参考报价和官方链接，一时间引发抢购热潮。在观点革新方面，黎贝卡认为女性不应只追求外在的美好，提升个人内在修养与气质更为重要。于是她将这一观点作为选题，写作《有钱也买不到：气质修炼，全在言行举止》一文向大家传播这一观点，引发了大家的讨论与共鸣。

3.“命题作文”实现“内容定制”

“命题作文”就是将选题的权力交给了订阅用户，根据用户所反馈的“想看的内容”来进行选题，相当于“内容定制”。这种选题方式可以在相当大程度上减少运营者在选题方面的顾虑，写作时就可以有的放矢。同时，黎贝卡非常重视选题与订阅用户需求的贴近性。她会将订阅用户发送至后台的提问、困惑都做出整理，以大家产生疑惑最多的问题作为选题，集中答疑解惑。

在黎贝卡从《南都娱乐》辞职，全心投身于个人订阅号的运营中后，面对着不计其数的提问。她便以此为选题，写作了《没有无聊的生活，只有无聊的人（我为什么辞职）》。在这篇文章中她转述了辞职的心路历程，探讨了生活与梦想，言语生动真诚，打动了很多处在职业倦怠期的人们。

4.栏目清晰且扁平化

黎贝卡注重用不同的栏目来区分推文的类别，能更有效地区分出原创知识型文章与广告推文，打造了公众号内容的扁平化和清晰化。

一方面，对于周期性、常态化的栏目，黎贝卡坚持严谨的作风，采取的栏目策划方式与传统媒体所采取的方式更为接近，例如“大牌必修课”“好物清单”“黎贝卡在现场”“除草机”等栏目。这些栏目借鉴了传统媒体中成熟的、规范的策划方式，构成了她个人订阅号的王牌栏目，被其他订阅号运营者不断借鉴。

另一方面，对于是话题性栏目，黎贝卡坚持趣味优先，采取的栏目策划方式更多地呈现出扁平化特征，例如“呵呵”“周末加映”“私物”“萌娃”等，这些栏目的策划与创建是黎贝卡情绪宣泄与观点的坦露，也从侧面表现出自媒体独特的媒体形式对传统栏目策划方式的重新塑造。

（二）用户产品生产

自媒体领域的“圈地运动”已经白热化，被动等待用户毫无前途，自媒体运营者必须主动出击，寻找与潜在订阅用户接触的途径。

1.尝试全平台入驻，锁定目标用户

到目前为止，自媒体的各种载体形式已经实现了无缝链接，一种自媒体形式可以依托整个互联网将内容散播到各个网站平台去，以渠道倍增的方式吸引潜在用户。[①] 黎贝卡也采用了多点开花的策略，通过入驻搜狐、网易、“今日头条”等平台同步推送，并给出二维码供读者自主扫描关注微信订阅号。在“黎贝卡的异想世界”杀出重围后，各种传统媒体、门户网站甚至是像笔者这样的学生群体或组织的采访邀约纷至沓来，她都十分愿意接受。她“有料”又真诚的分享也成为“圈粉利器”，将自己的个性魅力展示得淋漓尽致，毫无意外地成为各种自媒体或新媒体颁奖会的座上宾，在订阅用户数暴增的同时也结识了有想法的合作伙伴，堪称自我推广达人。

2.注重交流互动，增强用户黏性

自媒体想要可持续发展就必须不断提高用户黏度。根据“首因效应”理论，自媒体为了日后与用户长期交往，必须让用户在第一次接触时就感受到运营者的重视与关怀，达到“听其言而信其行”的效果。黎贝卡在订阅号中设置了自动回复，回复中除了与订阅用户打招呼之外，还引导用户查看历史消息，从而增加对她个人订阅号的了解。此外，订阅用户可以根据推送文章的提示或自己的兴趣喜好发送关键词到后台，即可收到相应信息，与自定义标签互为补充，能方便用户自主进行内容检索阅读。

3.用户生产内容（UGC）

黎贝卡十分重视发动订阅用户的力量。当自己先前推送的内容引发用户们的大量反馈后，她会用心将这些反馈集合整理出来；对于大量用户发来的共性问题，她也会集中逐条解答；对于用户发来的好方法，她会进行精选摘要，在确认正确性和有用性后集中成文。订阅用户看到自己的问题得到解答、方法得到采纳，更愿意参与到互动中来，进而促成良性的循环。

另外，在发挥用户群的力量方面，黎贝卡也有自己的想法——征集校对志

---

① 参见郭亦非：《浅析微信公众平台的营销策略》，《新闻世界》2014年第8期。

愿者来纠正错别字。校对的工作听起来很枯燥,但对于高忠诚度的用户来说,参与校对可以比别人更早看到推送文章,反而是一种“福利”。正因为黎贝卡重视用户群的经营,才实现了自己与用户的快乐分享和共同成长。

4.注重用户体验

黎贝卡从不接受在订阅号上进行硬广告投放,她认为硬广告会“伤害用户”。黎贝卡已有100万的订阅用户,但仍未开通流量主。就此问题黎贝卡解释道,她非常坚定地将每日推送的头条作为“硬干货”,其中即使出现了品牌信息也是不包含任何商业利益的单纯分享,决不会掺杂商业利益。一旦开通了流量主之后,没有经过她筛选的广告就会出现在包括头条图文在内的所有图文消息中,既降低了整体格调又严重打扰了订阅用户的评论体验,与自己一直坚持的理念相悖。

黎贝卡也认为,自己已经将次条文章专门用于商业推广,并在文中指引订阅用户点击“原文链接”跳转至广告主官方页面,这样的方式对自己、用户、广告商都十分负责,是她比较推崇的合作方式。

三、微信订阅号类自媒体的发展局限

(一)对原创内容产品的保护机制欠缺

目前,我国已有《知识产权法》来保证原创稿件作者和首发媒体的利益,发表必须署名付费,转载必须申请授权并标明出处,这已经成为社会共识。但想要在自媒体领域达成这样的共识却显得尤为困难。究其原因,不仅在于自媒体传播的边际成本和违法成本极低,同时也与自媒体平台的制度不健全、使用者素质良莠不齐密切相关。微信订阅号原创标签申请和原创保护制度在实际操作层面还存在较多不足,所以自媒体运营者捍卫自己版权只能以举报侵权为主。①

(二)微信订阅号的收益渠道单一

目前对于微信订阅号而言,其收益渠道无非只有两点,一是读者的打赏,二是通过“二次售卖”获取广告收益。当下的媒介环境,“知识付费”难以得到绝大多数用户的认可,除个别铁杆粉丝外,很多用户并不想打赏本可以免费获取的咨询信息。因此,打赏功能所带来的收益微乎其微;而每天唯一的一条推广只能附加一个广告商品或服务,虽然有效地避免了其他广告的干扰,也阻止了更

---

① 参见黄晓丹:《“罗辑思维”微信公众号运营策略及其效果研究》,暨南大学硕士学位论文,2015年。

多的收益，导致品牌无法发展壮大、获得更大的影响力。[①]

此外，长期的软文推广可能使得部分读者产生厌倦心理，次条广告的阅读量和在朋友圈中的二次推广频次也都明显低于头条推送，这会直接导致订阅用户数量的减少，进一步导致收益减少。

（三）推出优质文章的难度巨大

自媒体运营者进行原创内容产品生产时，首先要做的就是搜集整理所需要的素材，包括背景资料、图片、音频、视频、相关链接等。这些素材不仅是灵感的来源，更是文字输出的基石，并且能起到精炼语言、表达情绪、丰富呈现形式等多种作用，也更符合“多媒体时代”和“读图时代”的阅读要求。但是，海量的信息资源反而使内容撰写的前期准备工作更加困难化，高级的信息检索能力是现在的自媒体人所必备的。

另外，一篇精美的文章需要集艺术设计、技术操作、文字撰写、音视频剪辑于一身，这反而为大多数文科出身的自媒体人设置了障碍，无形中暴露了自媒体人的短板，使他们独立运营一个微信公众号的难度加大，出品一篇精美推文的可能性降低。

（四）“同质化”问题严重

前文提到，微信订阅号是目前数量最多的账号类型，这为自媒体人带来巨大发展空间的同时，也给自媒体的内容运营带来了巨大的压力。大量微信订阅号的出现，使得类型化和同质化的现象在不断加深。单就时尚类微信订阅号而言，目前有“时尚 COSMO”“胡辛束”“Lisa 的美妆日记”等一系列十万级大号，这些微信订阅号的瞄准点无一不是娱乐圈爆点、大牌高定秀、明星私家信息等，一旦选题点出现，各家蜂拥而上，从各自的角度出发进行内容创作，在这一过程中不可避免地会出现角度相同、观点相同甚至案例都相同的“同题作文”，这就无疑消耗了订阅号的原创能力，在一定程度上使用户对此公众号丧失阅读兴趣，并逐渐为其他订阅号所取代。因此，同质化问题已成为制约公众号发展的关键问题。

四、微信订阅号类自媒体的改进方向

（一）将个人化的自媒体打造为团队化的公司

经过长时间商业化运营的实践，自媒体运营者越来越感觉到“单打独斗”的

① 参见李欣蒙：《时尚类自媒体平台运营策略研究——以微信公众号“黎贝卡的异想世界”为例》，《新闻研究导刊》2016 年第 8 期。

力不从心，有时甚至会因为运营者的身体状况和个人事务导致微信订阅号文章质量下降甚至停更的现象。因此，以微信订阅号为主打的自媒体应该向团队化、组织化甚至是公司化方向发展。原因有二：其一，在自媒体行业已成“红海”，仅依靠一己之力极难实现突围；其二，自媒体所依赖的移动互联网不断更新发展，增加了各种基于 IT 技术的接口和 Html 5 编程语言，日益要求自媒体运营者继续吸纳有技术背景的合作伙伴。自媒体可以通过组建运营团队和注册成立公司等实现去“自”发展，而自媒体的核心人物则可专心于内容产品的生产和未来发展方向的把控上。

(二)用品牌化取代个人化，打造“IP”内容

自媒体主打个人魅力，订阅用户会将他们在内容产品中感受到的人格特征当成是真实的。因此，当运营者从自媒体产品生产的幕后走向台前时，订阅用户长期以来的信任感终于找到了确切的投射对象，其“个人形象”或曰“个人品牌”就已经建立起来了。这时，自媒体人可以将自己塑造为所运营的自媒体的代言人，通过个人品牌的塑造、开发来增加其所运营的自媒体在各个媒体的曝光量，从而实现反哺订阅号，甚至可以以“艺人”的身份为自媒体实现变现。另外，为实现内容的品牌化，还可以扩充内容生产团队、做场景化电商、打造“小型自媒体”矩阵、“扶持”一些不同领域的小号等，借助现有的工具和平台为用户提供阅读之外的交互形式，通过社群聚集建构扩展自己的社交网络，传递相关品牌信息。

(三)实现版图扩张，形成多元盈利模式

传统媒体想要从媒体业转向其他行业或进行异业合作比较困难，但也已经开始尝试：南方报业传媒集团拓展了“289 艺术园”，并希望未来可以形成“媒体＋园区＋电商”的新兴产业模式。对于自媒体而言，因其本身根植于互联网，走电商平台的商业化运营模式具有必然性。[①] 黎贝卡在接受访谈时曾表示，她的梦想是拥有自己的箱包或成衣品牌，虽然出发点不是为了营利，但不可否认此规划极具营利潜质。同时，微信公众平台凭借其原创内容，受到了很多门户网站和流量平台的青睐，诸多互联网资本纷纷向自媒体抛出橄榄枝。因此，自媒体人应该抓住机遇，积极拓展自己的事业版图，实现多元化的品牌运营，先别人一步走出微信这片“滩涂”，这也是以订阅号为主要阵地的自媒体转型的关键。

这个时代的内容正在前所未有地增长，不仅生产方式发生了变化，出路也

① 参见张文：《自媒体微信公众平台的转型探析——基于微信公众号“胡辛束”的个案研究》，《今传媒》2017 年第 4 期。

正在变多。以优质独特的内容为核心的自媒体终究会被消耗殆尽，探索变现方式是他们正在面临和亟待解决的问题。由于变现方式正在愈加多样化，自媒体想在互联网时代的媒介大环境中立足，最终还是要走专业化的道路。[①] 引用一个微博博主的话，“自媒体与传统媒体没有本质区别，自媒体不是创新，而是媒体形式的更迭”。因此，自媒体人能否成功地实现自媒体的转型，决定了其在这场浪潮中能否生存。

案例二：“东方卫视”的品牌战略

2003 年 10 月 23 日，以“红日五星”为台标、英文名字为“DRAGON TV”的上海东方卫视正式开播。它以打造全国性乃至全球性电视频道品牌为战略目标，把主要竞争对手设定为中央电视台、凤凰卫视和其他优质省级卫视，强势介入我国卫星电视市场的竞争。10 多年来，东方卫视的品牌建设有声有色，取得了较为显著的成绩。根据央视-索福瑞的统计数字，东方卫视与其前身上海卫视相比，在各个方面都有显著的提高，与全国其他省级卫视相比，也从一开始的落后追赶，变为并驾齐驱，再到最后的遥遥领先，尤其是在长三角地区，东方卫视取得了相当高的美誉度和忠诚度。

东方卫视追求“大台风范”，用最短的时间塑造起自己卫视的品牌形象，并与其他强势卫视并驾齐驱，其品牌管理和建设经验值得总结，具有很强的借鉴价值。

一、频道品牌战略

频道品牌的塑造是东方卫视品牌建设的核心内容。东方卫视基于受众市场的需求，在品牌标识、品牌定位和品牌推广等方面做了许多努力。

（一）品牌标识

名字和标识是一个品牌最直观的存在，也是它在法律意义上的存在。富有表达力的名字和标识，是一个强势品牌的必备条件。品牌命名和标识设计属于“战术”的层面，它决定了品牌外在的“形”，一个富有表现力的名字或标识在声音、色彩等感性特征上富有吸引力，会给品牌经营提供广阔的上升空间。但是，一个品牌更具有决定意义的是它的“神”，即它的品牌内蕴，如品牌理念、品牌个性、品牌情感、关系利益人群体及其品牌体验等等。

东方卫视的名字和台标给人们留下了鲜明的印象。“东方”一词含义丰富，

① 参见文姝琪：《那些不是 Papi 酱的自媒体如何在众媒时代生存》，《公关世界》2016 年第 6 期。

能够激发多方面的品牌联想：它既可以理解为世界的东方，也包含中国东方的含义，同时又与东方电视台、东方明珠等上海其他媒介品牌形成了一定程度的共鸣关系。所以，“东方卫视”的命名不仅具有“借船出海”的意味，而且还为频道的长远发展留下了广阔的空间。[①]

台标是品牌最直观形象的符号化显示。东方卫视的台标本意是红日五星，红日是秉承东方电视台的理念，也比较符合中国传统审美和现代审美的需求，五星是卫星电视的通用标志，具有扩张感。[②] 从品牌经营角度看，东方卫视的名字和标识在中国电视频道当中是佼佼者。

（二）品牌定位

东方卫视的品牌定位战略是典型的“竞争—品牌自身”类型，属于其中的差异化错位竞争策略。“努力在全国卫视的竞争中后来居上，独树一帜，与央视、境外媒体形成差异化竞争态势，形成具有独特价值的文化品牌资源和内容产业基地，成为推广上海城市形象、展现上海城市精神，集纳全国优势资源、争取广泛认同支持的，具有中国特色、上海特点的强势电视平台。”这段话既描述了东方卫视的战略目标，也揭示了经营管理者品牌定位的基本思路——差异化错位竞争。[③]

总体定位——“中国都市旗帜、国际传媒标准、社会制作窗口、全国城市平台”。

内容定位——“新闻见长、影视支撑、娱乐补充、体育特色”。

形象定位——“都市特质、媒体主流、大台风范”。

风格定位——“现代的、国际的、青春的、海派的”。

总体定位显得过于宽泛和抽象，更像一个宣传口号。但其他几个方面的定位都充分体现了差异化错位竞争的特点。在内容上，我国省级卫视基本上形成了以娱乐节目和电视剧主打的同质化竞争局面，其中湖南卫视在娱乐方面、安徽卫视在电视剧方面形成了一定的品牌特色，是两个相对的强势品牌。东方卫视显然是有意避开与其他省级卫视在这两个方面的“短兵相接”，把它们放在了“支撑”和“补充”的地位。同时，它抓住了市场中的两个没有充分开发的领域——新闻和体育，制定了以新闻“见长”、以体育为“特色”的基本思路。东方卫视一直保持每天 7 点档到 8 点档新闻栏目外加整点“东方快报”的强大新闻

---

① 参见王淑兰：《从“东方卫视”看中国媒介品牌形象建设》，《中国电视》2009 年第 10 期。

② 参见朱剑飞：《“东方卫视现象”有感》，《现代传播》2004 年第 5 期。

③ 参见李玮：《东方卫视的品牌革命》，《广告大观》2005 年第 1 期。

节目阵容。《东方高尔夫》等体育栏目也凸显了现代性的海派特色。

东方卫视以新闻为立台准则。为尽力避开中央电视台和凤凰卫视两大强势品牌的竞争乃至挤压，东方卫视避实就虚、另辟蹊径，确立了"怎么说"的策略，力求在叙述方式和叙事风格上有所突破。"如果说中央台因为其国家台的地位，能够决定'谁在说'，凤凰台则由于地域优势可以主打'说什么'，那么东方卫视则要追求'怎么说'。""所谓的'怎么说'，也就是要从都市人群的喜好和需求出发，来制作新闻，提供娱乐。"①

在品牌形象和品牌风格方面，它强化自己的"都市特质"，致力于追求一种富有现代青春气息的海派风格。总经理陈梁指出："东方卫视最大的特点应该是它的都市性，犹如上海与国内外其他地方的区别，而节目卖点应该是比境外台更权威，比国家台更具亲和力。"从台标设计、主持人形象到节目、广告选择和制作，东方卫视都十分注重对"现代都市特色的海派风格"这一信息的传播，形成了一定程度的整合效应。② 总体定位比较宽泛，与其说是定位，还不如说是战略目标（中国都市旗帜）及其实施途径（国际传媒标准、社会制作窗口、全国城市平台），但它确实传达了东方卫视的整体定位信息——全国性、都市性、国际性。所以，结合其内容定位、形象定位和风格定位，我们可以把东方卫视的总体定位概括为"以新闻见长的全国性、都市性综合台"③。这是一个与其他省级卫视差异明显、与央视和凤凰卫视错位竞争的品牌定位。

（三）品牌推广

东方卫视的品牌推广体现出了很强的战略意识和较高的专业水平。开播前一两个月，东方卫视就通过各种渠道传播品牌信息，以形成人们的初步认知和期待心理。开播前后，它更是采用了立体化、全方位的整合推广方式，给人一种横空出世的感觉，品牌知名度迅速提高。而且，它的品牌推广没有随着频道的顺利开播而"急流勇退"，而是转化成了有一定密度的常态性推广，如频道一直保持的自身广告、《花开中国》品牌推广活动、开播一周年相关推广活动、精心策划的一系列主持人推广活动，等等。作为一个以新闻见长的综合台，它的品牌成长不可能像专业频道那样迅速，这种常态性推广对提高品牌的知名度、美誉度和忠诚度，都是十分重要的。

在推广方式上，东方卫视主要采用广告推广的方式，其中大众传播媒体广

① 张志安：《东方卫视锁定"都市先锋"》，《传媒观察》2004年第2期。
② 参见刘臻：《品牌建设：频道竞争的有效手段》，《新闻实践》2008年第6期。
③ 参见马海邻、支玲琳：《文化产业的经济价值》，《解放日报》2003年10月18日。

告、户外广告最为突出。在大众传播媒体广告方面，它不仅一直在频道上保持较高密度的自身广告，而且通过中央电视台、《解放日报》等媒体开展了声势浩大的品牌宣传。尤其是“红色系列”宣传片巧妙剪辑版，2003 年 10 月 11 日起在央视一套《焦点访谈》前连续播出一个月，“创下了地方媒体在中央台投放形象片的先河”[①]。在户外广告方面，东方卫视充分利用地铁、空港巴士、街道两旁的灯箱和广告牌、户外电视屏幕等形式展开立体宣传攻势。2003 年国庆节期间，它还“上天”“下水”，在外滩、徐家汇等地利用飞艇、游船开展“水、陆、空”三位一体的广告宣传。大型电子杂志《东方红》采用多媒体形式，利用网络进行宣传推广，也不失为推广方式的一种创新，假以时日，它很可能成为培养频道忠实观众的一个有力武器。

东方卫视还进行了很多公关推广。2004 年 3 月，它承办并独家播出了第十届上海国际时装模特大赛。2004 年 4 月到 8 月，“莱卡我型我秀”2004 全国偶像歌手大赛在全国展开，东方卫视作为协办单位和大赛最主要的播出平台之一，获得了与环球唱片、新浪等大品牌同台传播的良机。在此之后又策划了《花开中国》等全国性品牌推广活动，成功为品牌造势。

东方卫视的品牌推广尚有一些薄弱之处。在公关活动方面，偏重娱乐或文化方面，与“新闻见长”的品牌定位不甚吻合，尚不足以对品牌产生实质性的推动作用。[②] 在与消费者互动方面，它虽然也尝试通过促销、网络、节目等方式与观众互动，有些也收到了一定成效，如“莱卡我型我秀”节目的互动、东方卫视网站推出的主持人新年贺卡等，但成效有限，需要加强。

二、品牌系统战略

东方卫视既是上海文广新闻传媒集团的一个具有“旗舰”地位的子品牌，又是“上海东方卫视传媒有限公司”经营管理的一个相对完整的品牌系统。尽管它的栏目品牌等子品牌近年来一直在调整，但基本架构和战略途径清晰可辨，形成了较为完整的系统战略。

（一）品牌结构

从品牌系统结构角度来看，东方卫视采用的是以组织品牌为主、多个子品牌并重的发展战略。

---

① 李岚：《国有广电传媒集团的产业链接和品牌运营——上海文广新闻传媒集团总裁黎瑞刚访谈录》，《视听界》2004 年第 4 期。

② 参见张君昌、吕鹏：《2006 年中国电视品牌栏目年度报告》，《声屏世界》2007 年第 6 期。

东方卫视非常注重母品牌"东方卫视"的打造，从品牌系统来看，为了强化母品牌，东方卫视采用了品牌延伸的手段，不少主要子品牌都冠以"东方"这一关键词。在子品牌的配置上，东方卫视由于缺乏地位特别突出的领先品牌，于是采用了多品牌并重发展战略，追求多个主要品牌的协同效应。"新闻见长"是整个东方卫视的基本定位，这决定了新闻栏目品牌在整个品牌系统中的数量和地位。[①]《东方夜新闻》《看东方》《东方快报》《城际连线》《环球新闻站》等栏目，不仅占据了频道一半左右的主要时间段，其中不少栏目还是整个品牌系统不可或缺的重要品牌，如《东方夜新闻》《环球新闻站》。另外，《东方夜谭》《娱乐星天地》《东方高尔夫》《车世界》等品牌也各具特色，素有好评，它们从不同的角度阐释了东方卫视"全国性""都市性""综合性"等品牌特色，使整个系统更加饱满充实。

(二)实施路径

在战略实施路径选择上，东方卫视主要选择了两种路径：内部创建和品牌合作。

内部创建是媒介组织实施品牌战略的基本手段，东方卫视的新闻栏目品牌主要采用这种路径。这也是我国媒介产业的现实环境条件决定的。东方卫视依托上海文广新闻传媒集团的强大资源优势，具有创建品牌新闻栏目的实力。《东方夜新闻》《看东方》《环球新闻站》等，都是颇有代表性的个案。

品牌合作是东方卫视的另一种重要路径。在竞争与合作问题上，东方卫视首选合作。东方卫视的非新闻类栏日，几乎都是与其他制作公司合作的：《东方夜谭》是与派格传媒合作的，"莱卡我型我秀——2004 全国偶像歌手大赛"是和新浪、时代华纳合作的，《娱乐星天地》则是与上海天视文化传播有限公司联合制作的。虽然这些节目的合作方式不尽相同，品牌的产权归属和品牌收益分割也不太一样，但它们有一个共同的特征，那就是东方卫视非常注重掌握大部分节目的版权，着眼于更加广泛的节目经营。所以，东方卫视的品牌合作，不仅为了短期收益，而且是基于整个品牌系统发展的战略性行为。

三、东方卫视品牌建设存在的问题

战略设想和经营实践之间总是有一定差距的，由于组织内外部环境的变化，原有战略必然显露出某些不足之处，必须进一步调整。所以，实施动态管理，不断对战略进行调整和完善，是现代战略管理的一个基本思想。东方卫视

① 参见李学东、黄俊杰、周笑岩：《海派再起——东方卫视一周年》，《传媒》2004 年第 10 期。

的品牌战略及近年来的战略管理，在以下几个方面尚需进一步完善：

（一）品牌传播的整合力度尚待进一步加强

在如今物质产品和相关信息都极为丰富的“买方市场”环境中，类似万宝路那种单纯依靠一种传播方式获取巨大成功的神话已经很难再现了，整合营销传播正日益成为品牌传播的基本思路。按照整合行销传播的倡导者D.E.舒尔茨教授的观点，在“媒体零细化”的今天，每个消费者接触到的媒体数量越来越多，而每个媒体的受众却越来越少，必须整合广告、促销、公共关系等各种传播渠道，传播出清晰一致、易于理解的信息，才能够使相关产品和品牌的印象不断“累积”在消费者的感知当中，取得良好的传播效果。[①]

东方卫视在品牌传播的整合方面做出了不少努力，如对各种广告形式的整合，广告、与消费者互动、促销、公共关系等多种推广方式的整合，都取得了相当显著的效果。同时，也有一些传播行为整合不力，传播的信息不够清晰一致、不易于理解甚至相互冲突等问题。例如，频道的市场定位，到底是全国性的、跨区域性的还是地方性的，东方卫视在不同的场合、不同传播行为中，侧重点似乎不太一致，这导致不但一般受众难以准确把握，相关专家的理解也不尽一致。

（二）品牌系统中“并重”和“侧重”的关系需要进一步优化

从整体上看，东方卫视采用组织品牌为主、多个子品牌并重的发展战略，但是，并重不是对系统中的每一个品牌都一视同仁，把组织的各种资源平均分给它们。按照资源分配的帕累托法则，资源分配的基本比例是把80%的资源用到20%的品牌上，方能取得最佳的投入—产出效益。虽然不同的媒介组织、不同性质的品牌和品牌系统不可能严格遵守这一比例，但媒介组织把资源和精力主要集中在几个有代表性的品牌上，以取得更好的收益，却是一个具有普遍性的规律。[②]

所以并重式战略是相对于主品牌领先战略来说的，它虽然不是以一两个品牌为核心，但也要确定品牌系统的重点发展对象，要处理好“并重”与“侧重”的关系。并重是对重点发展对象的并重，而就整个品牌系统的所有品牌来说，它也是有侧重的。

东方卫视在处理“并重”与“侧重”的关系方面还有需改进之处。如，作为一个以“新闻见长”的频道，《东方夜新闻》《看东方》都是东方卫视的重量级新闻栏目，却分别被安排在晚上10点和早晨7点，黄金收视时间则被《娱乐星天地》等节目和电视剧共同瓜分了。如此编排，很难打造新闻核心节目，难以对“新闻见

① 参见盈韵：《从收视数据看新东方卫视》，《大市场（广告导报）》2004年第10期。

② 参见刘晨：《新媒体背景下东方卫视品牌建构研究》，湘潭大学硕士学位论文，2014年。

长”的电视台定位形成强有力的支撑。出于收视率和广告收益等方面的考虑，一些非新闻类品牌节目安排在黄金时间无可厚非，但如何确定整个系统的重点发展对象以突出“以新闻见长的全国性、都市性综合台”的整体定位，扩大整个品牌系统的协同效应，以形成东方卫视鲜明的品牌个性和强大的品牌影响力，是一个具有全局意义的战略问题，值得深思和改进。

此外，在整个传媒集团的品牌系统中，东方卫视作为上海文广新闻传媒集团的一个子品牌，如何处理好与集团其他品牌的关系也是个值得关注的问题。例如，有专家指出，东方卫视要新闻立台以区别于集团其他频道，必须真正解决“怎么说”的问题，不能仅止于新闻的多样性、娱乐性，也不能仅止于“说”的形式创新，必须找到其他频道无法复制的核心竞争力所在。

(三)注重“银色子弹”的开发与运用

“银色子弹”本是被用作致命武器的代言词，但也常被比喻为具有极端有效性的解决方法，作为杀手锏、最强杀招、王牌等的代称。

一个品牌或品牌系统，可能已经具备了发展基础和发展潜力，但由于种种原因，这些基础和潜力没能很好地被消费者感知、体验，未能够形成强大的品牌效应。[①] 在这样一个阶段，“银色子弹”往往扮演着十分重要的角色，它能够有力地改变整个系统的形象，较快地提升品牌的影响力，就像夜幕下的一堆财宝突然被曳光弹照亮一样。对于一个传媒品牌来讲，要想形成并保持自己独特的竞争优势，必须抓住培育和释放“银色子弹”的机会，改变所处的不利地位，寻找自己的潜在优势，找准时机迅速发射占领地盘。

凤凰卫视初建时就拥有很好的工作团队、强大的资本支持和独特的地缘优势，节目也相当优秀，但在开播后一年多时间里，并没有形成很好的品牌效应。但在 1997 年和 1998 年，它充分抓住了香港回归和“两会”的契机，把它们当成提升整个频道品牌的“银色子弹”来做，精心策划了富有个性和专业主义精神的新闻报道，成功造势。

如何寻找恰当的时机，精心设计和运用富有表现力的“银色子弹”，是东方卫视提升品牌影响力和品牌价值的一个关键所在，这不仅需要掌握相关的基本知识，洞察环境的变化，而且要结合卫视各方面的情况尤其是品牌系统的情况，精心策划与实施。

总之，东方卫视拥有全国其他省级卫视梦寐以求的资源优势，也载负着太多的期望和重托，这注定了它要实现自己的品牌梦想，必须走过一段相当长的不轻

---

① 参见王志宏：《上海东方卫视频道的定位及品牌文化分析》，东北师范大学硕士学位论文，2010 年。

松旅程。抚今追昔，遥望未来，东方卫视人有着太多的感慨，正如上海文广新闻传媒集团总裁黎瑞刚所说，他们“投入了感情，投入了心愿”，而“甘苦自知”。

思考题：

1.简述媒介内容质量管理对媒介品牌管理的重要性。

2.媒介品牌管理中应注意的问题主要有哪些？

3.新兴自媒体的品牌管理与传统媒体的品牌管理侧重点有何不同？

参考文献：

1.汤莉萍：《媒介品牌经营》，中国传媒大学出版社2014年版。

2.杨光、赵一鹤：《品牌核变：快速创建强势品牌》，机械工业出版社2003年版。

3.陈兵：《媒介品牌论：基于文化与商业契合的核心竞争力培育》，中国传媒大学出版社2008年版。

4.赵曙光、张志安、郭庆光等：《媒介资本市场案例分析》，华夏出版社2004年版。

第七章　媒介资本运营

第一节　基本理论概述

诺贝尔经济学奖得主乔治·斯蒂格勒说:“纵观美国著名大企业,几乎没有哪一家不是以某种方式、在某种程度上应用了兼并、收购而发展起来的。”①媒介个体的发展从手段来说大致包括两种,即传统媒介经营和现代资本运营。传统媒介经营指的是与媒体直接相关的广告、印刷、发行等方面的经营,属于生产经营;现代资本运营主要包括产业参与和行业介入的多样化、产权组合与经营形式多重化,以分散资本运营的风险,保证最大增值。可以这样说,传统媒介经营为现代资本运营积累资金,现代资本运营为传统媒介经营提供更广阔的发展前景并增进媒介的整体效益。

一、资本运营与传媒业

资本,在经济学意义上,指的是用于生产的基本生产要素,即资金、厂房、设备、材料等物质资源。在金融学和会计领域,资本通常用来代表金融财富,特别是用于经商、兴办企业的金融资产。广义上,资本也可作为人类创造物质和精神财富的各种社会经济资源的总称。

资本运营又称“资本运作”,是指对集团公司所拥有的一切有形与无形的存量资产,运用市场法则通过流动、裂变、组合、优化配置等各种方式进行有效运营,以最大限度地实现价值增值、效益增长的一种经营方式。“资本运营”是近

① 转引自梁雪梅:《浅析企业并购中反向购买的会计问题》,《经济研究导刊》2012 年第 2 期。

几年才在我国流行起来的经济学概念，这是我国经济改革发展的必然结果。在计划经济条件下，企业主要抓计划经营；在商品经济条件下，主要抓商品经营；在市场经济条件下，则要大力发展资本运营。当然，资本运营并没有否定商品经营存在的合理性，也没有取代商品经营。

资本运营对传媒业具有积极的意义：

第一，资本运营是传媒业参与全球化竞争的需要。进入 21 世纪以来，网络信息技术正以前所未有的速度迅猛发展，经济全球化趋势也向纵深发展。我国的传媒业不仅面临着国内同行的竞争，而且还要应付国际市场更加严酷激烈的竞争。在一些发达国家，传媒业经过几十年的发展，早已成为市场规模巨大、利润回报丰厚的产业，其国内的市场已趋饱和阶段，国外的传媒巨鳄必然会在全球范围内为其资本寻求新的增长点，而我国的传媒业刚走向产业化，尚属新兴产业，很自然地会成为国外传媒巨鳄的目标。

目前，时代华纳、路透社、迪斯尼、道琼斯等为代表的传媒巨头采用授权使用其品牌、交换节目、以专业媒介购买公司直接经营等方式介入了我国传媒市场，面对西方发达国家和世界媒体巨头，我国传媒业要在短时间内做大做强，需要大量资本的投入。对于传媒业来说，资本运营是适应经济全球化和国际舆论斗争、文化竞争的需要。

第二，资本运营是传媒发展的重要手段和竞争优势。世界传媒业和其他产业的经验显示，并购重组等资本运营是强势传媒企业得以做大做强的重要手段和方式。公司上市，在证券市场资本运作，可以使传媒获得扩大经营所需要的资金，公司上市后的品牌知名度等无形资产得以增值，凭借上市公司的声誉及其机制，也可以调整业务结构，迅速扩展核心业务，带动其他经营。

第三，资本运营为传媒开拓了生存发展之路。传媒是资本密集型产业，需要大量的资金投入。资本运营可以为传媒在短期内筹集到产业发展所需要的大量灵活机动、可供长期投资使用的资本。资本的再投资使资金逐步流向效益好、有较远大发展前景的传媒，同时为发行者利用传媒市场进行资本扩张提供优良的运作环境，在客观上也会促进全社会合理的资源配置。

第四，资本运营有利于促进传媒运营机制的转变。资本运营可以推动传媒转换机制，建立完善的现代企业制度。传媒进入资本市场的最终目的，是要用“外钱”激活“内钱”，也就是引入现代企业运作方式与机制，提升竞争力。资本运营将促进传媒内部运行机制的改革，加强企业化管理，实现集约化经营，从而建立起完善的监督机制、财务机制，促进传媒真正实现采编部门与经营部门、采编人员与经营人员的两分开,杜绝新闻宣传和经营管理中的腐败行为,防止资产流失,建立相对完备的公司治理结构。

第五,资本运营是盘活传媒资产的重要手段。资本运营可以盘活传媒的可经营性资产,激活媒体的无形资产,发挥媒体的品牌优势,使传媒整体资产增值。通过资本运营(发起设立、重组、兼并、联合等方式),能够将传媒集团创造利润的主营业务同非主营业务的资产有效结合起来,盘活不良资产,从整体上提升集团资产的运作效率。资本运营也可以把传媒集团重要的无形资产变成有形的资源,使传媒集团这个"金字招牌"发挥出应有的效用。

第六,资本运营有助于改善盈利结构,提高抗风险能力。并购威胁是传媒业面临的主要生存威胁,来自资本层面的并购威胁已远远超过了产品市场上的竞争威胁。大型传媒集团最终能否发展成为中国传媒业的王者,资本实力和资本运作能力的强弱是关键。

二、资本运营的特点

在关注到传媒业资本运营的积极作用的同时,也需要充分了解媒介资本运营的特点。它的特点在于:

首先,媒介资本运营是以资本导向为中心的。它是相对于生产经营而言的,是对传统的以生产为中心的企业经营观念的突破,要求传媒在经济活动中始终以保值增值为核心。

其次,它以价值形态为主,要求将所有可以利用和支配的资源、生产要素都看成是可以经营的价值资本,用最少的资源、要素获得最大的收益。资本运营注重资本的流动性,重视资本的支配和使用而非占有,并通过资本组合来回避经营风险。

最后,它是一种开放式经营。经营者不仅关注企业内部的资源,通过企业的内部资源来达到价值增值的目的,还利用一切融资手段、信用手段扩大资本利用的份额,重视通过兼并、收购、参股、控股等途径,实现资本的扩张,使企业内部资源和外部资源结合起来进行优化配置,以获得更大的价值增值。

因此,媒介资本运营的前提是经营权和所有权分离、事业与产业分离、舆论控制权与经营权分离,传媒通过出让部分经营权,实现资源优化配置。

三、媒介资本运营基本模式

一般来说,媒介资本运营基本模式主要有以下几种:

（一）媒介资本的兼并经营

这是指以购买式、吸收式、控股式和承担债务方式收购较弱企业。传媒发挥自身在资金、市场、信息、机构、优势企业的社会形象等方面的优势，采取兼并手段，实施以小带大、以少控多的战略，如兼并控股形式，实现集团资本规模快速扩张、资本结构与公司的产业结构优化。

1.兼并

兼并是传媒产业整合的一种方式，它是在市场竞争机制的作用下，被兼并的媒体将其产权有偿让渡给兼并媒体，实现兼并媒体的资产一体化，并取消被兼并媒体的法人资格的一种经济行为。传媒业兼并既可以在传媒产业部门间实行兼并（横向兼并），又可以在不同产业领域内实行兼并（混合兼并），或者实行纵向兼并的方式，对传媒产业群中某一销售部门、生产部门实行兼并。传媒兼并成功的关键在于，如何将现有的业务做得更好，而不是扩展新业务。

2.收购

收购是指一家独立的传媒实体通过收购另一家传媒实体或其他实体的部分股份或全部股份，进而获取对被购买者控制权的一种产权交易行为。常见的收购方式有：

（1）控股式：通过收购股份成为传媒产业公司的最大股东，掌握控股权。

（2）购买式：通过对购买对象股份的全部购买，把购买对象变成隶属于自己的子公司，并对其拥有支配权。

（3）吸收式：购买者把购买对象的股份或净资产作为股金投入购买者的公司内，使其成为购买者的一个股东；购买者在对购买对象的股份或资产进行购买时，既可以在传媒产业内部实行横向购买，也可以实行纵向购买，或者是混合购买，究竟采用哪一种方式实行购买，要根据购买者的实际自行确定。

（二）媒介资本的重组

媒介资本的重组主要是指传媒公司产业结构和组织结构的重组，其内容包括资产重组、债务重组和机构重组。搞好资本重组对于我国传媒业的发展具有重要意义：它能促进其结构更加合理化，有效地开发传媒产业结构的潜力；促进其资源的优化配置，进而提高传媒产业在市场竞争中的能力；改变目前传媒产业优势的分散化现象，以便集中强有力的优势，解决传媒系统带有宏观性的重大问题，使诸多优势形成合力，更有效地发挥传媒产业的作用。

（三）媒介资本的直接上市

直接上市也叫“股票直接上市”，是经国家批准公开发行股票募集闲散资金，这种方式是资本运营的高级形式。传媒产业实体从公开发行股票开始，到直接在股票交易所挂牌交易，不必与其他实体发生产权交易，这种方式的优点是成本较低而收益较高。

（四）媒介资本的间接上市

间接上市又称“买壳上市”，是为了既充分利用资本市场，又规避国家政策的限制，除了直接上市以外，通过各种方式与上市公司相互渗透，间接上市就成为传媒的优先选择。一方面是上市公司调整业务结构，介入传媒业的经营领域；另一方面是具备一定实力的传媒谋求参股或控股上市公司，继而参与资本市场的运作，从而达到在证券市场融资的目的。传媒间接上市包括买壳和借壳上市、分拆上市等行之有效的资本运营方式。

（五）媒介资本的联合经营

传媒资本的联合经营是指两个以上的传媒产业在平等、互利、自愿、自主的原则下，为了一个共同利益目标而建立起来的各自都具有独立性的产业组织。

四、中国媒介资本运营的发展脉络

回顾我国媒介产权制度的发展历史，大致可以将其划分为五个阶段：

第一阶段，新中国成立初期——企业化管理。当时政府通过公私合营等方式，对少数民办的报纸进行了社会主义改造，建立起了在中国共产党集中领导下，由各级党委机关报、部队报、行业报、民众团体报和民主党派报共同组成的社会主义报业体系。为了解决全国报纸的经营亏损问题，为缓解政府财政压力，1949 年 12 月，全国第一次报纸经理会议在北京召开，会议提出了报纸实行企业化经营方针。1950 年，中宣部发出了《关于报纸实行企业化经营情况通报》，指出：“报纸企业化经营方针是完全正确的，可以实现的。”“公营报纸必须把报社真正作为生产事业来经营……条件较好的公营报纸应争取全部或大部自给，条件较差者，亦应在政府定期定额的补贴下，争取最大可能的自给程度。”“私营报纸亦须在已有基础上，进一步改善经营方法。”①此后不久，经过社会主义改造，私营报纸相继改组，转为公营，新闻总署撤销，不再专设政府机构管理报纸，报纸的经营管理问题也不再列入政府的议题。

第二阶段，国家确立了计划经济体制之后——按计划经济的模式运作。这种运作方式确立了新闻媒体的“事业单位”属性。与其他事业单位一样，新闻传媒经费按主管部门核定的预算，逐月或逐季拨付，统由国库开支。基建和增添

① 转引自宁启文：《1949～1956 年大陆报业企业化经营概述》，《新闻与传播研究》2001 年第 2 期。

设备的费用,另行申报,专款专用。生产资料按计划调拨,生活资料按计划供应,新闻媒体按事业单位运作,基本没有广告,报纸除了发行的收入之外,没有其他收入。传媒在经济上依赖国家拨款,按行政级次配备资源,审批制度高度集中。

第三阶段,20 世纪 70 年代末——“事业单位,企业化管理”。随着思想的解放、经济体制的改革,以及国家财政方面的巨大压力,传媒体制急切需要改革。国家财政已经无力支撑具有强烈发展需求的新闻传媒。面对改革需求,新闻传媒的“事业”属性有了进一步的改变。1978 年,财政部批准了《人民日报》等八家新闻单位实施企业化管理的报告,根据政策,这些单位可从经营收入中提取一定比例用于增加员工收入和福利,改善传媒自身的条件。“事业单位,企业化管理”政策的实行,是传媒包括报纸从完全的计划运作转向市场运作的重要转折,也在很大程度上给报纸恢复刊登广告创造了先机。

第四阶段,1994 年至 20 世纪末——集团化。1994 年,国家主管部门表示传媒可以组建传媒集团。1996 年,中宣部批准《广州日报》挂牌作为全国第一家报业集团试点,从而拉开了传媒集团化的序幕。截至 2003 年 6 月,经新闻出版总署正式批准成立的 39 家报业集团,共拥有报纸 271 种,占全国报纸总数的 12.7%,但平均期发量占全国报纸平均期印数的 33.6%;总资产共计 384.46 亿元,超过报业资产总量的 1/3;广告营业总额为 133.07 亿元,占报业广告总营业额的 70.6%。

第五阶段,20 世纪末至今——资本运营。1999 年 7 月 28 日的《上海证券报》披露成都商报收购四川电器,采用了资本运营中借壳上市的策略,实现了报业资本运营的边缘突破。此次边缘突破为报业以及其他传媒的资本运营打下坚实基础,也引起其他传媒积极参与资本运作。2002 年,《新闻出版总署关于贯彻落实〈关于深化新闻出版广播影视业改革的若干意见〉的实施细则》则打破了传媒投资只允许“国有资本”进入的限制,认同“各类资本”都可以参与传媒经营,拓宽了传媒投融资渠道。

无论上市还是改制,资本的进入将为国内报业集团的市场化运作带来新的动力,有助于提升各大报业集团的经营水平与新闻产品质量,从而带动其收入继续增长。

五、媒介产业资本运营的问题和对策

传媒通过资本运营方式来扩张自身规模,其目的除了筹资外,更重要的动机,还是借此推进传媒业产业化经营,引进现代化企业管理,做大做强传媒集团。当前我国传媒产业的资本运营还处于初级阶段,从市场运作的角度讲,传媒企业相对传统、封闭,缺乏资本运营能力。传媒产业资本运营过程中遇到的问题主要有以下几个方面:

一是适应传媒产业化运作的体制有待建立。目前我国传媒监管与运作方式改革相对滞后,仍具有传统的高度计划体制以及集权管理特征,传媒多头管理,条块分割,产权不清,无法与市场化程度较高的资本市场有效对接。它不是一个真正意义上的经营企业,而是"国有经营性事业单位"。

根据有关政策精神,传媒上市融资是将宣传业务与经营业务分开,只有传媒从事经营的资产和业务才能进入上市公司,而传媒的核心业务即内容生产被排除在外,因为传媒的内容生产是一个高度管制的领域。这就带来了一个问题:业外资本引入媒体之后,两种机制在媒体不同的环节起作用,经济效益与社会效益、编辑方针与经营目标、事业性质与企业化运作等都有可能发生冲突。

二是产权不清是传媒资本运营的障碍。按照国家法律规定,我国报纸、广播电视等媒体产权都由国家代表全体人民所有,但各媒体的实际创办者、投资者却是党政部门、群众团体、国有企业等,媒体的主管主办也是这些创办机构,而对拥有媒体资产的全体人民来说,并没有一个明确的政府部门来监管全国近1000亿元的媒体资产,也没有对媒体资产的处置权,而少数地方国资局却要收媒体国资占用费。同时,政府各部门、群众团体、国有企业虽然以投资者主体的身份介入传媒,但也只是在政治方向上加强领导和监督,在创办初期给予一定的资金、人员编制等支持,但对媒体资产并没有合法的所有权、支配权和使用权。媒体被明确为"事业单位,企业化管理"后,对自身所掌握的国有资产有一定的管理权、经营权、使用权。随着市场经济的迅速发展,特别是媒体规模化发展,为寻求产业扩张和资产重组而进入资本市场筹资融资时,媒体产权不清成为媒体发展的现实问题。由于产权不清,媒体产权无法正常流动,统一的传媒市场体系难以形成,也就不可能通过资本运营实现传媒业资产的优化配置、产业重组和集团发展。

三是传媒盈利能力不足,经营管理水平有待提高。在资本市场上,许多媒体缺乏盈利能力,甚至沦为"圈钱"的工具。造成这一状况的原因是多方面的,其中最关键的是传媒企业普遍缺乏内生性竞争力。

传媒热衷于资本运营,却不同程度地忽视了媒体本身的经营管理。传媒对资本运营的认识存在偏差,"神化"资本运营的作用,可能是一个重要原因。有的经营者认为,生产经营是经营的低级形态,资本运营是经营的高级形态,传媒应该从生产经营转向资本运营。许多传媒机构正是在这样的认识下，盲目从事资本运营，结果陷入了以资本运营代替生产运营的误区。其实，传媒价值的实现和创造是围绕其内容生产和传播进行的，而资本运营的过程中不存在价值的创造，只有价值的转移。所以，传媒应以内容的生产经营作为资本运营的依托，传媒本身的经营管理是其增强盈利能力的基础。目前我国传媒业的经营管理水平普遍有待提高。

四是传媒片面追求经济规模。传媒资本运营的目的，是为了提高效益，而不仅仅是为了扩大规模。传媒利用资本运营进行快速扩张已成为可能，但这并不意味着传媒的规模可以无限制地扩张，因为过度的扩张往往使得传媒的组织结构越来越趋于复杂，内部信息流通将越来越困难，可能最终导致传媒衰竭，造成无法挽回的结局。规模的扩大受到技术、市场、资金方面的限制，经济学家还认为，企业的边界受企业内部边际交易费用和企业外部边际交易费用的限制。现实运作种种因素的阻碍可能会使人力物力增加，市场扩展和管理机制更新滞后，内部决策、执行、监督体系交叉错位，产生“内耗现象”。

对此我们可以借鉴国外经验制定特殊的股权政策，改进我国媒介资本运营现状：

第一，借鉴英国的“黄金股”制度。“1979 年英国开始推行国有企业民营化，考虑到股改后，政府可能无权对企业的经营管理进行干预、控制，为保证国家、政府的利益，英国政府设立了‘黄金股’制度，‘黄金股’不同于普通股、优先股，无投票权、收益权，不能用于担保、抵押，其最关键的是掌握重大经营决策的‘一票否决权’”，因此“即使转变为全民营企业，政府仍可通过‘黄金股’行使对企业的管理控制”。①

第二，借鉴美国的双重股权制度。美国为那些不愿放弃未来控制权，同时又想上市融资的公司原始股东专门设计 A 类股和 B 类股，二者拥有同等的收益权，但具有不同的投票权，其中 B 类股的股东在董事选举、重要的公司交易（如合并或出售公司及公司资产）等重大事项上拥有极大的表决权，据此通过少数股权控制企业。

双层股权结构可以确保创始人对公司的持续掌控权，维持公司独立的发展和独特的风格；可以使管理层尽量避免为取悦投资者而采取短期行为，从而能关注公司的长期发展战略；还可以作为一种有效的反恶意收购计划。

第三，借鉴新加坡经验。新加坡规定报纸和杂志等印刷媒介都按照股份公司的形式组织，公司的股份分为管理股和普通股。管理股占总股份的 1%，以后

---

① 周成华、文远竹：《英国报业的股权制度及治理结构》，《青年记者》2013 年第 9 期。

每次扩股都必须保持相同比例。两种股票具有相同的经济权利，在公司其他问题的表决中二者的权利也相同，但在涉及公司人事变动问题进行表决时，每管理股的股票相当于200股普通股。管理股不在股票市场上流通，不对普通股持有者发行。董事会成员拥有25%的管理股，其余拥有者由国家新闻及艺术部确定，公司不得对人选提出异议。管理股的转让也要经过新闻及艺术部的审查。这种对管理股的控制在实际上保证了国家对媒介公司的控制。

国家通过掌握公司的人事权，从组织上对媒介的舆论导向进行了保证。法令还规定，任何人不得通过任何方式拥有一家媒介公司超过3%的普通股，一旦发现，超过部分的股票必须出售，否则由政府强制收购。这里的任何人也包括境外公司、组织或个人。

第四，制定特殊的政策，特事特办，保持政府在主要人事任免、重大决策、内容终审上的专有权利。在大力解放发展文化生产力、勇于应对国际传媒市场挑战的国内大环境下，加快传媒业上市融资步伐，推动传媒"整体上市"毕竟是一个传媒体制改革值得期待的大方向，也许剩下的问题只不过是路径选择与怎样创新的问题。

第五，建立一个涵盖媒介所有形态的政府部门。我国传媒多头管理、条块分割的管理体制给传媒业的生存与发展带来了诸多障碍。设立一个涵盖整个传媒领域的政府部门则有利于从管理体制和政策规划上打破行业壁垒和条块分割，有助于制定协调、统一的发展规划和产业政策，并且能打破部门所有制和地方保护主义，有利于媒体通过资本运营实现规范化发展，展开有序竞争，打造强势媒体。同时，它对建立监管媒体国有资产运作情况的有效机制也有帮助。

第二节　典型案例分析

案例一：湖南电广传媒资本运营分析

湖南电广传媒股份有限公司（下称"电广传媒"）的前身是成立于1994年的湖南广播电视发展中心，是一家以影视节目制作、广告发行代理、网络传输服务为主的大型企业。1998年，经湖南省人民政府批准，电广传媒由湖南广播电视发展中心作为主发起人，联合湖南星光实业发展公司、湖南省金帆经济发展公司、湖南省金环进出口总公司、湖南金海林建设装饰有限公司共同发起，对湖南广播电视发展中心进行整体改组，通过募集方式设立湖南电广实业股份有限公司。1999 年,湖南电广实业股份有限公司更名为湖南电广传媒股份有限公司。公司业务覆盖有线电视网络运营、创业投资、影视节目制作、广告制作、移动新媒体运营等产业;公司以湖南、北京、上海、广州、深圳为发展重心,经营地域辐射全国,是拥有国家级重点实验室和博士后科研流动工作站的大型综合性文化传媒公司。

湖南电广传媒股份有限公司,以其“中国传媒第一股”的称号傲立于中国传媒市场,2004 年“以股抵债”更是使其受到了前所未有的关注。但是,在受到市场热烈追捧后,不明朗的多元化经营策略和成本激增困扰,使其市场评价褒贬不一。与此同时,它的明确以“三大主业”打造公司“核心竞争力”的理念和在网络市场的良好发展前景又为其开拓了新的发展空间。所以,电广传媒在给国内传媒集团带来“冷思考”的同时,也提供了很多的经验。

一、湖南电广的上市经营

湖南省广电厅通过行政手段,将湖南卫视、湖南经济电视台、湖南有线广播电视台等六大商业化程度较高的媒体的广告业务进行整合,统一划拨给电广传媒公司。凭借着优秀的媒体产业经营业绩,在湖南省广电厅的强力推动下,于 1999 年 3 月 25 日在深交所上市。

根据其发行公告,上调公开发行普通股 5000 万股,其中上网发行 4500 万股,向兴华证券投资基金配售 131.5 万股,向金泰证券投资基金配售 100 万股,向裕阳证券投资基金配售 100 万股,向开元证券投资基金配售 37 万股。其初次发行股票每股面值为 1.00 元,发行价格为每股 9.18 元,发行市盈率 17.2 倍,发行结束后的总股本为 15800 万股。此次融资募集资金 4.59 亿元。

(一)上市历程

1998 年以前,湖南省广播电视发展中心及下属单位湖南广播电视广告总公司、湖南广播电视节目分公司均按照事业单位管理,单位工作人员基本以新闻、行政管理背景为主,均实行事业性单位财务报表制度。1998 年,经湖南省人民政府湘政函(1998)91 号文批准,在全资改组湖南广播电视发展中心的基础上,联合湖南星光实业发展公司、湖南省金帆经济发展公司、湖南省金环进出口总公司、湖南金海林建设装饰有限公司四家企业共同发起成立湖南电广实业股份有限公司。湖南广播电视发展中心将其全部资产与负债投入股份公司,并以经湖南资产评估事务所评估后的净资产 13716.89 万元人民币,按 72.9%的比例折为 10000 万股国有法人股,由湖南广播电视产业中心持有。改制后,原湖南广播电视发展中心本部改为电广实业本部,原湖南广播电视广告总公司改为电广实业广告分公司，原发展中心节目分公司改为电广实业节目分公司。

1999年3月25日，电广传媒在深交所挂牌上市，使湖南广电产业在全国广电系统内率先进入资本市场，被誉为"中国传媒第一股"，在全国树立了广电事业产业化运作的典范。1999年11月，公司更名为"湖南电广传媒股份有限公司"。至此，电广传媒以自身在市场上的良好表现以及决策层娴熟高超的资本运作艺术，在国内证券市场创造了又一个奇迹——头年上市，次年便顺利增发并取得最理想筹资额。截至2016年12月31日，公司总资产为225.16亿元，净资产为109.91亿元；2016年实现主营业务收入74.86亿元，实现利润3.33亿元。

（二）湖南电广

电广传媒自身定位于"传媒产业化"，合理地协调了"事业与产业、宣传与经营"之间的冲突，既符合证券市场的惯例和国际传媒业的发展方向，又得到了政府管理部门的认同。这比其最初的定位——"社会主义精神文明建设第一股"，即更多地在宣传功能上寻求卖点和政府支持变得更加明智。因为寻求利润最大化是上市公司的本性，这必定与媒体"宣传喉舌"的事业单位性质相冲突。如果处理不好两者之间的关系，很可能就会触到政策"地雷"。电广传媒从酝酿到真正上市融资共经历了5年历程，它与湖南广播电影电视集团、湖南电视台的关系如图7-1所示。

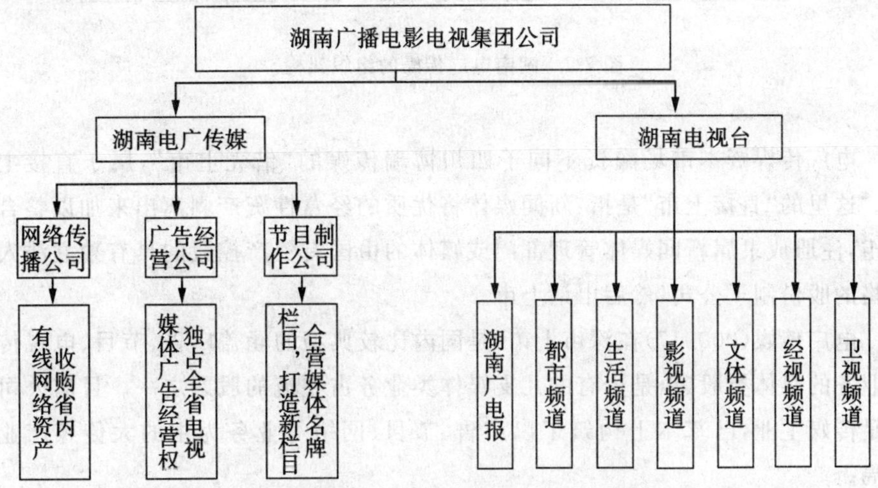

图7-1　湖南电广传媒与湖南广播电影电视集团、湖南电视台及湖南电视产业中心之间的组织关系图

湖南电广传媒的组织架构如图7-2所示。

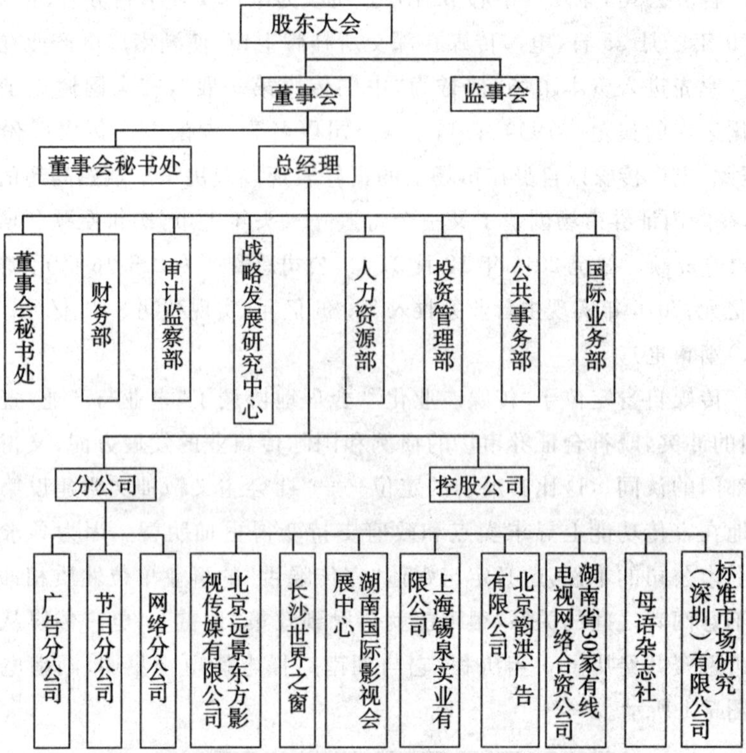

图 7-2　湖南电广传媒的组织架构

电广传媒资本市场融资不同于四川博瑞传媒的“借壳上市”，属于直接上市。这里的“直接上市”是指：新闻媒体将优质的经营性资产剥离出来加以整合重组，注册成隶属新闻媒体管理部门或媒体的由国有资产控股的具有独立法人资格的股份制子公司，然后申请上市。

电广传媒(000917)在深市上市，是国内比较典型的涵盖广告、节目、电视传输业务的媒体类股票，是少有的几支媒体类业务占主流的股票之一。目前公司立足传媒主业，已基本上构筑了以广告、节目、网络等业务为主的大传媒产业格局。

二、湖南电广资本运营分析

(一)湖南电广资本运营的多元化分析

电广传媒的发展过程中，最受人关注也是被市场评论最多的当属多元化发展策略。中国媒体监管的特殊性，使其不能直接进行上市融资，但伴随着“事业单位，企业化经营”战略的推进，媒体运作资金几乎全部要靠自己解决。所以在财政不再拨款的情况下，几乎所有媒体都开始走上了多元化经营之路。

电广传媒自上市募集到资金后，就开始走上了纯粹多元化发展道路。但分析其近几年多元化项目的业绩不难发现，它的多元化努力并未得到资本市场认可。相反，由于涉猎许多媒介外的领域，如会展、地产、旅游、市场调研、咨询等，大量的资金投入反而拖累了企业的主业发展和利润增长。

电广传媒基本收入来源包括以下五方面：一是广告收入；二是收视费；三是节目产品收入；四是网络增值、经营收入；五是旅游收入。如果按照公司所宣称的三大主业，那么企业的大部分经营活动应该围绕着前四个方面进行；虽然旅游业是其业务的一个重要组成部分，但参照成本和几年来的业绩，它对企业的贡献并不是很大。在 2003 年，公司就明确指出要做强主业，提升核心竞争能力。当然突出主业并不是排斥多元化经营，而是这种多元化应该提倡向上、下游产业延伸产业链条，形成有机的产业结构。

电广传媒一直为自己能够形成以“广告、节目、网络”三位一体的公司“核心竞争力”而自豪。但是，观察几年来的业绩，三大主业在给电广传媒带来稳固市场竞争力的同时，在媒介市场化运作力度愈来愈高的情况下也存在着一些问题。

(二)湖南电广传媒的投融资分析

事实上，自从电广传媒上市以后，管理层就把越来越多的精力放在了投资上。从 1999 年至今，广电传媒已经投资了 50 多家公司，涵盖文娱、金融、信息、科技等多个行业。

在媒体直接行业投资方面，电广传媒制作的系列娱乐、财经节目如《财富中国》，是以直接行业投资的方式进入，还有其他行业投入。在媒体股权投资方面，电广传媒除了入股湖南地方有线电视网络之外，还涉及许多别的公司股权投资。主要投资及控股项目如图 7-3 所示。

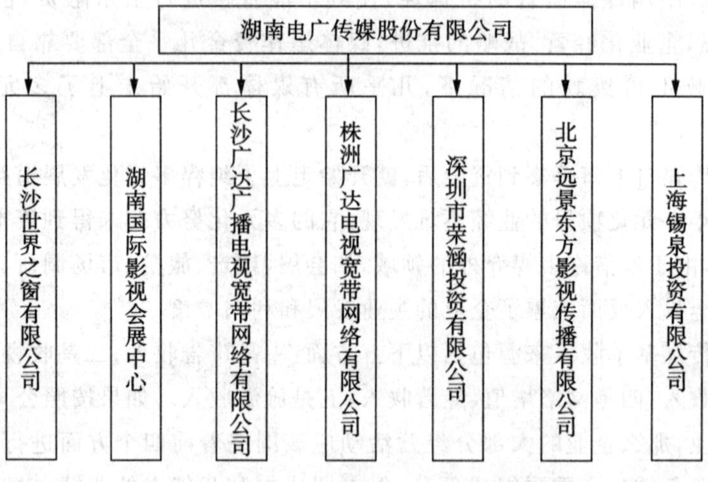

图 7-3　湖南电广传媒主要投资及控股项目

在融资方面，电广传媒除了 IPO 上市融资之外，还有债务资金的筹集。

公司高层的策略一直就是“以投代养”，公司通过利用创投业务实现的巨额收益来反哺网络业务，对包括网络并购和扩张等主业的发展提供资金支持。2014 年第三季度，电广传媒首度试水新媒体，投资 2.9 亿元收购广州翼锋 51%的股权和江苏马上游 45%的股权，两者的主营业务分别为移动互联网营销服务与智慧旅游服务。2015 年 6 月，电广传媒第二次出手，斥资 13.35 亿元收购深圳九指天下 51%的股权、深圳亿科思奇 60%的股权、北京金极点 51%的股权、上海久之润 70%的股权，所收购的公司分别涉及互联网媒体运营、互联网广告、网络游戏等领域。

脱胎于电广传媒的深圳达晨创投公司，也是近年来创投圈的明星公司之一。目前，达晨创投对电广传媒的盈利贡献主要包括自由资金直投和投资基金管理费收取两项。达晨在投资一个项目时，往往会投入一部分自有资金，投入一部分基金的资金。这一方面是因为自有资金有限，另一方面则是为了降低风险。随着注册制的实行，达晨对电广传媒的贡献度愈加明显，成为发展驱动力之一。2019 年，电广传媒公告，达晨创投拟出资 1.11 亿元，作为有限合伙人参与设立湖南芒果马栏山数字文创股权投资基金。马栏山文创基金全体合伙人的认缴出资总额为 5.6 亿元，基金主要投资于文创产业以及与文创产业相关的互联网、信息通信技术、多媒体技术等产业。

三、湖南电广传媒发展和影响探析

（一）湖南电广传媒发展战略及核心竞争力分析

1.发展战略

目前，国内传媒产业对资本运营的研究和实践如火如荼。电广传媒应积极学习、大胆实践，抓住目前传媒发展的大好时机，在当好党和国家“喉舌”的前提下，实现自身更快的发展，使公司成为在中国乃至全球颇具实力和影响力的大型传媒集团。

一要立足传媒主业求发展，加强市场研究和开发，拓展“广告、节目、网络”三大主业发展空间，使三大主业相互支撑、共同发展，打造完整的产业链，创造核心竞争优势，获取规模效益。

二要强化资本运营，充分利用资本市场的造血功能，持续寻求资本市场对传媒产业发展的强力支撑，促进公司规模扩张，壮大实力。

三要开展国际化经营，适应经济全球化的趋势，积极寻求与国外传媒界的交流与合作，逐步开拓国际市场，融入国际传播体系。

四要构筑综合性传媒产业集团，吸纳、整合传媒产业相关资源，将电广传媒打造成为横跨电视媒体、纸质媒体、网络媒体及其他文化传播业、相关产业的大型综合性传媒产业集团。

2.核心竞争力

(1)“广告、节目、网络”三位一体的传媒主业格局。传媒产业是一个信息产业和文化产业相交叉的综合性产业，在这个产业的主要细分市场上存在着激烈的竞争，如果只选择某一细分市场，公司的盈利前景将很难预测，竞争优势也很难建立。因此，上市伊始，电广传媒就根据自身优势，科学、合理地建立了“广告、节目、网络”三位一体的传媒主业格局。

(2)“电视、互联网、纸媒介”齐头并进的发展模式。拓展公司主业是现代企业经营的一个重要特点。对主业相关行业进行投资，就有机会获取规模拓展带来的规模收益，而且可以充分享受业务相近带来的协同效应。所以，电广传媒在“电视、互联网、纸媒介”三方面齐头并进，不断拓展与主业密切相关的业务。

（二）湖南电广传媒进入资本市场的影响分析

电广传媒作为我国传媒产业的先行者成功地进入资本市场，探索了中国传媒业发展的新路子，为我国传媒业提供了宝贵的前行经验，也对我国传媒业的发展产生了深远的影响。

一是比较成功地解决了传媒产业政策约束与市场化之间的矛盾。电广传媒作为首家将媒体的部分资产、权益剥离出来,并与外界投资者合作经营的企业集团,成功地绕开了政策壁垒,解决了政策约束与市场化之间的矛盾,为将来的发展开辟了广阔的空间。

二是引进了现代企业制度及其运行机制。从电广传媒的组织构架中可以看出,它已经抛弃了传统的"事业单位,企业化管理"的模式,建立了产权清晰、权责分明、自主经营、自负盈亏的现代企业制度,并依此建立了一套高效的内部运行机制,为传媒产业的发展摸索出一套适应现代经济潮流的企业管理制度和运行机制。

三是为中国传媒产业的发展导入了一个全新的理念——资本运营,即推动传媒产业参与资本运营,利用资本市场的功能进行资本积累和迅速增值。这不仅解决了长期以来困扰传媒产业市场化中资金不足的问题,更为重要的是,可以帮助传媒产业界转变经营观念,从而促进传媒产业的飞速发展,并且为中国传媒产业与国际传媒产业接轨探索了新的道路。

四是有效利用资本市场壮大了主业。从电广传媒的产业布局来看,其主营业务包括广告、节目、网络三大部分,三者依据广电传媒产业的内在联系有机结合,并且紧密依托湖南卫视、湖南有线、湖南生活频道、湖南文体频道及湖南广播电视报等省级广电媒体,初步形成了比较完整的现代广电传媒产业格局,这也是当今传媒产业中最富影响力和最具盈利能力的一部分。

电广传媒的成功上市,使一个最敏感的行业——传媒产业,与一个最敏感的市场——资本市场开始结缘。总的说来,电广传媒的发展实践证明:中国传媒业需要成熟的资本市场,以获取强大的资本支持;而资本市场对传媒产业的介入,也可以实现丰厚的利润回报,这两者是可以实现有效的良性互动的。

案例二:北青传媒上市分析

北青传媒股份有限公司(以下简称"北青传媒")成立于2001年5月28日,是当时中国最大、最具盈利能力的媒体公司之一,主要从事报纸广告版面销售、报纸制作及印刷材料贸易等业务,后期将业务扩展到筹办体育赛事。公司的主要广告媒介为北京青年报社所属报纸,控股股东为北京青年报社(63.30%),北京青年报社的主管单位是共青团北京市委。北青传媒拥有的报业广告业务和印刷制作业务平台处于行业领先地位,主要负责《北京青年报》《信息产业报》《中学时事报》《北京少年报》《今日北京》英文周报(*Beijing Today*)五份报纸的广告、排版印刷、发行等经营业务。2004年12月22日，北青传媒（股票号码：1000）在香港H股挂牌上市，成为中国内地主流传媒香港上市第一股。

2003年北青传媒成为控股北京青年报社的文化改制企业，并于2004年成功在香港联交所上市，标志着“事业制”转型为“集团控股制”，成为中国内地传媒企业第一股。北京青年报社的这次体制改革，破除制约企业的机制性障碍，符合现代发展体制环境、政策环境以及市场环境的需要。将公益性文化事业和经营性文化产业相结合，提高了《北京青年报》的市场竞争力和业界影响力。《北京青年报》作为传统主流媒体，在此环境下经过资源整合成立了北青传媒，巩固北青报业原创性核心优势，在此基础上建立数字北青及其他相关产业，将报纸及户外广告等传统媒体与互联网相互结合共同发展。在新形势下《北京青年报》由原先的传统平面媒体转型为多元化的新媒体。

一是公司主业由平面媒体转型为新媒体。随着电子通信、互联网等新产业的迅速发展，全球纸媒体都面临着巨大的挑战。依托互联网这一平台，信息传播及传播渠道日益多样化，传播技术革命使传播信息的数量呈爆炸性地增长，而被传统媒体人认为最有价值的版面和时段将因“产量”过剩而弱化，从而减少了传统媒体的市场占有率，降低了利润率。

二是公司体制由事业制转型为集团化。传媒业的事业性质是当前市场经济中相当矛盾的问题。传媒企业在产权上属于国家，由国家出资委托某部门管理经营，名义上归国家所有，实际上对于企业所有者身份不明确。权责不明会导致企业经营管理中重大问题的判断和决策权缺失，这将会使传媒企业内部欠缺发展动力。

三是公司产业由舆论导向转型为企业经营。传媒产业本身有着特殊属性，作为舆论引导者，在媒体企业自身发展中，国家目标和社会影响力重于经济目标，传媒产业具有经济和文化的双重属性。完全的行政管理必将导致产业失去活力，而完全市场化经营又可能导致产业失灵，传媒产业必须平衡经济市场和舆论宣传的双重标准。不可否认，媒体事业单位转型为经营性企业单位是一次具有重大意义的体制转型，是经济政治制度改革的需求，媒体自身同样需要市场化经营和发展。

一、北青传媒上市对《北京青年报》的作用

北青传媒就是将媒体核心新闻业务以外的非国有制业务成分进行资本运作，通过上市兼并吸收资金，以国有资金参股控股的形式优化媒介资源，扩张资

本，将媒体产业转变成可经营性资产。北京青年报社不仅保证了公有制性质不变，也实现了由媒体事业单位向传媒企业的转型。

1.国际一体化

一是融资平台的国际化。2004 年 12 月 22 日，北青传媒股份有限公司在香港联交所正式挂牌交易，公开售股 10.4 亿港元，北青传媒首次募股发行占总股本 25%的 H 股。全球发售完成后，北京青年报社的控股比例为 65%左右，仍为国有资本绝对控股。北青传媒成功海外上市，拓宽了本国传媒企业在国际上的融资渠道，充分利用全球化资本，推动了国有企业市场化进程。通过在海外证券市场上市，不仅为北京青年报社募集了大量资金，同时增强抗市场风险的能力，更为北京青年报社集团化发展打开了国际化空间，并引起国际投资者的关注。

二是资本运作的国际化。北青传媒在香港上市后，首先对《北京青年报》而言是很好的品牌市场推广，上市后品牌价值迅速提升，给报社利润带来大幅增长。其次，通过上市将《北京青年报》原有各类资源和人才进行调配整合，建立了子公司和下属单位，更好地运用资源，对旗下公司的发展和资本市场的运作起到借鉴和支撑的作用。通过学习国际资本运营技巧及运作模式，北京青年报社实现了价值增长、效益增长和与国际资本接轨。

三是企业管理的国际化。国内传媒企业的管理模式更多地存在事业单位供养制形态，企业内部成本控制意识薄弱，内部规章制度欠缺，人力成本庞大。在长期的垄断环境中成长，失去了市场竞争意识，构成了传统媒体企业管理的最大弊端。北青传媒信息披露、健全制度、法律约束方面逐步与国际化的标准接轨。

2.舆论宣传主流化

北青传媒上市以来，通过资源整合、有效经营，已将《北京青年报》由传统纸质媒体扩大到平面广告、网络、印刷、物流等多产业、多形式。宣传渠道也扩大到日报、期刊、广告牌等，实现了多渠道、多种类媒体联动，形成整体传播通道。

《北京青年报》作为党政宣传媒体，并未因媒体企业市场化经营而影响党政机关报的舆论导向和宣传质量，反而通过北青传媒建立起的媒体联动通道，发挥《北京青年报》主题鲜明、内容丰富、纵深感强的优势，将中央媒体刊播的重要稿件、重点文章依据传播特点进行深度挖掘，从多方位、多角度宣传聚焦，以更广渠道扩大《北京青年报》的宣传范围，将品牌的传播力和影响力主流化，为党政宣传发挥了积极的作用。

3.推动内部各媒体良性发展

北青传媒通过兼并、重组、投资、参股等形式成立了北青物流、北青航媒、河北青年报社等下属子公司。

第一,企业文化渗透,建立公司规范秩序。在公司内部以上市公司的制度标准来经营管理,让部门与部门之间、部门与下属公司之间长期相对独立的环境得到了改善,在集团共同战略目标的引导下,相互配合协调内部资源,减少差异,统一经营理念形成合力发展。

第二,细分受众市场,提高市场整体份额。北京青年报集团旗下有各类品牌,如《北京青年报》属于综合性大众日报;《茜茜姐妹》杂志针对高端女性时尚群体;北青物流针对印务、仓储、耗材业务有效地整合并控制了下游企业;《TOP时空》杂志面对航空高端客户,成为新盈利增长点;户外广告版块增加了广告发布的多样性;对《河北青年报》的投资,实现了跨地域媒体投放。

第三,资源整合分配,实现保值增值经营。经过固定资产的有效整合,实现了物尽其用、保值经营。在集团内部实行调配使用,真正地盘活资产,让集团下各个子公司相互借鉴相互配合,创造了协同效应,同时减少了不必要的重复投资和资源内耗,内部资源合理分配、独立管理;外部资源实现了信息共享、资源整合最大化。

4.北青传媒与北京青年报社一体化

北青传媒的上市给北京青年报社带来了整体观念的更新,更有利于企业管理体制的合理化,推动内部各部门及各下属公司良性发展,激发出北京青年报社新的生命力。北青传媒与北京青年报社一体化发展体现在:

第一,建立坚实品牌效应。北青传媒上市带来了经营理念、融资平台、制度法规等多元化资源,这必然会带给北京青年报巨大的品牌推广效应以及品牌认知度。由品牌带来的效应,同样符合经济环境下商业社会中企业价值的延续。《北京青年报》的经营模式、消费群体都决定着品牌价值。随着北青传媒上市,北京青年报社推出了众多商品,如多种经营、多样形式的子公司和各个品牌,这些下属公司的经营和发展产生的价值即为《北京青年报》的品牌效应;北青传媒的迅速发展带动了多品牌的使用和推广,这将给北京青年报社带来巨大的经济效益和社会效益。

第二,推动多元化、多产业形成规模化经济效应。在市场竞争和新媒体冲击的严峻形势面前,北青传媒作为强势主流媒体,充分整合本集团资源,通过扎根广告行业、加强旗下各业务主体合作等方式，积极拓展新的业务领域，打造新型营销模式。北京青年报社通过在一个平台上的一体化管理，打造平面媒体、数字媒体、相关产业作为报社的发展方向，带来全方位的经济效益增长。为实现战略转型，应对传播环境的深刻变化，2013 年北青传媒又投资设立北青社区文化传媒（北京）有限责任公司，负责运营《北青社区报》，在巩固现有业务的同时，以影视剧投资为抓手，推动影视文化产业板块的发展并积极推动户外广告业务的发展，实现组合式营销模式，开辟新的经济增长点。

二、北青传媒资本运作影响与启示

作为共青团北京市委的机关报，《北京青年报》是中国第一批下海从事市场化经营的报纸之一，也是我国第一家赴香港 H 股上市融资的新闻媒体。作为新闻界市场化改革的试点，在中央政府的帮助、指导下，报社于 2002 年 12 月 24 日，在香港股市成功上市，募集资金 12 亿元港币，开启了我国传媒融资的新渠道和新方法。

十几年的时间过去了，北京青年报社在体制改革和市场化经营方面，走过了坎坷、不凡的道路。《北京青年报》的发展历程，对当前我国新闻媒体正在进行或将要进行的市场化改革，具有深远的影响和启示。

1.光辉的历程

《北京青年报》创刊于 1949 年，是共青团北京市委的机关报，为北京市的解放和建设作出了不可磨灭的贡献。《北京青年报》曾经三次停刊、三次复刊。最近的一次复刊，是在 1982 年。随着改革开放的大潮席卷中国大地，共青团北京市委的工作也逐步走上正轨。到 20 世纪 90 年代末，《北京青年报》已经摸索出了一套完整的报纸规划、策划、组织和出版的思路和方法，为报社的发展壮大打下了坚实的基础。

从 1995 年开始，《北京青年报》除了出版正报外，每周一到周五，分别出版“人才时代”“财富时代”“汽车时代”“广厦时代”和“电脑时代”等副刊，紧跟社会消费潮流，以知识性和实用性为纽带，给报纸带来了丰厚的收入。

2.逐鹿资本市场

2000 年前后，国家开始文化体制改革试点，北京青年报社有幸成为第一批试点单位。这也是中央要求“把优质资产推向国际市场”的一种尝试。经过两年多的精心准备，《北京青年报》除保留编采业务之外，将所有外围周边业务，包括印刷、发行、广告、新闻网站等部门，组成北青传媒集团，打包在香港上市，共筹得12亿元港币,为报社的长远发展奠定了坚实的基础。购买北青传媒的最大海外机构投资者,是南非的MIH传媒集团。该集团在南非拥有报纸、广播和电视频道,是该国传媒领域的巨无霸。

上市后,由北青传媒控制的北京青年报发行部门——著名的小红帽发行公司网点遍布北京大街小巷,下属的印刷公司控制着北京新闻印刷进口油墨和印版的供应、新闻纸(包括进口和国产新闻纸)的供应。

3.上市后的业务重组

除了发展壮大原有的下属企业,北青传媒公司上市后还进行了业务重组和扩展,先后创办了多家报纸和杂志,包括《北京科技报》《法制晚报》《今日北京(英文周报)》《精品时尚》《茜茜姐妹》《青年周末》。各子报刊相互之间实现资源共享。此外,报社还专门成立了一个部门,与海外的华文报纸建立起广泛的业务联系,交换稿件,互派人员学习。除了业务重组和报业拓展,北青传媒还开始了向文化和体育领域的投资。

4.上市以来的收获

北青传媒上市后,经过了很多的体制改革、业务调整、市场创新和观念转变,正在朝现代传媒集团的方向发展迈进。

首先,在坚持"社会效益和经济效益并重"的前提下,报社进行了多方位的投资,分散风险,在新闻、文化和体育领域,做出了很多大胆的尝试,摸着石头过河,敢为人先,为我们国家新闻和文化体制的改革,做了有益探索。

其次,经过整顿和探索,母公司《北京青年报》的业务也是蒸蒸日上,进一步确立了京城大报的地位和实力。现在,北京青年报社已经扩展到拥有10份报纸、4家期刊和2个综合性新闻网站。

三是通过在香港上市,南非MIH传媒集团的加入,北青传媒乃至北京青年报社学习和掌握了现代传媒的理念和运作经验,包括资本运作、新闻运作、市场运作,为企业的未来发展打下了良好的基础。

5.存在的问题

北青传媒的上市,也给《北京青年报》的运转带来了负担和迷茫。

传媒集团上市融资,跟所有的公司一样,都需要讲究经济效益,回报股东。这是一个很大的压力。随着上市成功、业务扩展,摊子越铺越大。近几年,北京房地产业受到政府调控,房地产广告急剧下滑。现在,报社主要还是依靠《北京青年报》的收入,主要是房地产业广告。虽然开发了汽车、理财、留学中介等广告,但始终没有形成气候。报社也曾经试图进军电视业,但碍于政策规定,北青传媒新成立的影视部门只有借跟北京电视台合作的机会，为其青年频道制作节目。

北青传媒上市后，产权始终没有划分清楚。上市的北青传媒属于北京青年报社控股，涵盖了报社的印刷、发行、新成立的子报子刊和新开拓的文化、体育产业。但是，“大树底下好乘凉”，北青传媒与母公司北京青年报社之间有着千丝万缕、割不断理还乱的关系。现在，报社正在努力理顺这种产权关系，想尽早将北青传媒独立，真正推向市场。

案例三：美国在线和时代华纳并购分析

美国在线（AOL）和时代华纳（Time Warner）都是美国著名的传媒集团。美国在线成立于1985年，是世界上最大的ISP（互联网接入服务提供商）公司，用户超过2200万，同时还拥有网上最流行的聊天软件ICQ和虚拟社区“数字城市”（Digital City）。经过不断发展，公司业务由在线服务扩展到网络技术和电子商务领域。公司拥有数字城市（当地城市指南）、地图查找、AOL Moviefone（影片相关信息以及订票服务）、ICQ、AOL Instant Messager、Spinner（流式音乐）和Winamp下载的免费服务等多项业务。此外，美国在线有线电视业务方面包括了CNN、TBS、HBO和Cinemax、CartoonNetwork、TNT和WB电视网络等。时代华纳公司是综合媒体巨人。合并前，曾是世界上最大的传媒集团之一，拥有影视、音乐、出版、互联网等多项业务。公司旗下有CNN、TNT、卡通等电视台、美国第二大有线电视网、著名的华纳兄弟电影公司和多家出版机构。公司在电影、有线电视以及音乐制作等领域都具有强大的竞争力，时代华纳电缆公司还向1280万美国用户提供有线电视业务。对出版界来说，值得关注的是时代华纳公司的出版业务也具有强劲的实力，拥有多家著名的杂志、报纸、出版社以及网站。其优势主要是杂志出版，具有代表性的有《时代》《人物》《体育博览》等多个著名出版物。

2001年1月，红极一时的美国在线宣布以1650亿美元的大手笔换股并购时代华纳公司。一年后并购完成，组建了世界传媒业和娱乐业的超级航空母舰——美国在线—时代华纳公司。这桩轰动世界的交易被经济界称为“世纪并购”，这也是历史上新媒体与旧媒体的首次大联姻。

一、并购历程

2000年12月，美国联邦贸易委员会（FTC）决定批准美国在线与时代华纳的合并计划，这为两家公司的最终合并扫清了一大障碍。2001年1月，美国联邦通信委员会(FCC)表示认可美国在线与时代华纳公司的合并。渠道资源丰富的两家公司业务融合为一个具有极大优势的混合体，当时预计在未来数年内将出现一个集娱乐、信息、通信和在线服务于一体的超级媒体巨人。

美国在线与时代华纳以完全换股方式合并，美国在线以换股及债务方式，收购时代华纳公司，交易总额达1840亿美元。根据协议，美国在线股东将拥有新公司55%的股份，时代华纳股东持有的每股股票可换取新公司1.5股股票。根据当时64美元的收盘价，这将使其股价达每股140美元。两家公司表示，如果包括未执行的期权和认股权证，交易总额可达3500亿美元。交易中，萨罗门·史密斯·巴尼(Salomon Smith Barney)为美国在线的咨询银行，摩根士丹利为时代华纳的咨询银行。消息公布后，时代华纳公司股价飞涨，一度达到102美元历史高位，而美国在线股价则下跌1美元，至72美元。

时代华纳公司的有线电视系统为美国的家庭提供服务，这为美国在线提供一个宽带接入途径。在这之前，美国在线仅仅想依赖更新本地电话线和利用卫星传送。更快的上网途径不仅将使得美国在线的上网资费对用户更具吸引力，而且使得美国在线各种新的多媒体业务如美国在线电视(AOL TV)成为现实可能。美国在线电视是美国在线于2003年6月推出的将网上资源传送至电视机的一项服务。

当所有这些宽带途径和上网设备(包括电视机)联结在一起时，美国在线—时代华纳公司拥有了世界上最多的信息内容，可以吸引到世界上最大的受众群体、最多数量的订户、最大数量的广告，同时可以进行最庞大的电子商务活动。时代华纳信息内容之丰富，足以满足世界上(主要是美国)任何年龄层次的受众的需要：从鼎鼎有名的各种杂志到特纳古典电影库，从CNN有线电视新闻网到最新的孩童摇滚CD(Kid Rock CD)。

完成合并后，美国在线—时代华纳公司重新拥有了一系列极具价值的品牌，包括CNN、Netscape、HBO、《时代》杂志、时代华纳电缆公司和华纳兄弟公司等，成为无与伦比的媒体巨头，涉及的领域包括有线电视、电影、杂志以及互联网等多种媒体。美国在线—时代华纳公司主要有六大业务：美国在线(ISP)、电视和广播部门、有线电视部门、出版、影视娱乐以及音乐。

但是事实上，当时美国的网络经济泡沫已经开始破灭，很多网络公司的股价都开始下跌。当美国在线和时代华纳的并购方案在股东大会上顺利通过后，美国在线的股价就开始持续下跌，在2000年1月公布两家公司合并前，美国在线的股票价格为每股 73 美元，时代华纳为 64 美元。一个月后，时代华纳的股价上升到了 81 美元，而美国在线的股价却跌到 58 美元左右，公司还遇到了并购过程中的会计假账和公司高层被指控的种种丑闻与官司缠身的局面。

终于在 2003 年底，美国在线—时代华纳公司宣布改回原来的时代华纳的名字，美国在线沦为集团下面的一个分公司，甚至一度传出要被卖掉，就在这在短短的几年时间里，美国在线和时代华纳走过了并购成功到失败的历程。

二、失败原因

美国在线与时代华纳合并后遇到困境，原因是多方面的。从美国在线和时代华纳的并购来看，文化整合、人员整合和财务整合不力是其重要原因。美国在线是现代媒体的代表，具备创新意识，敢于冒险、有干劲；时代华纳是传统媒体的代表，具有稳重老练的特点。两家企业的文化差异，使双方的经营理念和运作方式完全不同，这影响了两家的融合。两家集团的高层领导显然没有做好企业员工的分流和安置，没有认识到企业最有价值的是员工的生产力、创新能力和知识。

从直接的经营状况来看，公司的巨额亏损主要表现在美国在线的业务上。同其他高新技术企业一样，美国在线—时代华纳公司在高新技术业务飞速发展的过程中，面临着同样的外部环境，包括互联网整体发展的持续徘徊，美国本土一系列重大的政治、经济事件等。新技术领域互联网泡沫破灭的影响并没有结束，很突出的表现就是互联网广告市场大幅下挫，美国在线—时代华纳公司也没能幸免。而内部因素主要是公司的内部管理需要重新调整的时间过长，再加上合并后股价过高，与实际运营情况难以吻合，投资者信心受挫等。

（一）外因

美国在线和时代华纳之所以能成为大型媒体集团，主要得益于政府的扶持，但二者合并失败的一部分原因也是政府的政策。早在 1983 年，美国联邦通信委员会免除了网络行业若干运营费用，暂停征收联邦网络税，使得网络公司产生了更多的用户、更多的广告以及更高的市值，并最终造就了美国在线与时代华纳的“世纪并购”。但同样的现实是，尽管美国高度商业化体制下的传媒产业以市场为导向配置资源，将商业利益作为一切活动的出发点，但政府出于管制需求、市场均衡发展以及公众压力等原因，对媒体的垄断性发展依然保有相应的警觉，并且有着强大制约体系的存在。美国政府曾先后出台了一系列保障性法律法规，从经济性与社会性两大层面划定了场域的游戏规则，这些规则中既有涉及各种媒介品类的专门法如《1934年通信法》《1996年电信法》《美国1962年通信卫星法》《有线电视法》等，也有其他相关法规如《传媒法》《反垄断法》《儿童电视法》《美国刑法》等。此外，诸如美国广播与电视新闻导演协会(RTNDA)、专业记者新闻协会(SPJ)、家长与教师联合行动委员会等非政府组织(NGO)制定的自律与他律规制也非常多。这些规章制度，实际上均成为时代华纳与美国在线融合后市场运行的制约性因素。如迫于其他互联网供应商和消费者代表"合并将造就垄断并严重危害市场健康发展"的舆论压力，美国在线与时代华纳的并购申请在呈递了一年后美国联邦通信委员会才通过了合并案。但合并的前提是，美国在线在使用时代华纳光缆时必须开放其即时信息服务，并允许网络用户使用美国在线以外的网络供应商，这在很大程度上消减了双方的并购利益，减缓了其市场发展动能，使其2002年第一季度亏损即达542亿美元，刷新了美国公司季度亏损的历史纪录。

(二)内因

数字网络时代媒介的语态发生了巨大的变迁，当"微内容"成为当前网络的主要生产方式时，时代华纳—美国在线融合后运行模式的失败，最终导致融合的终结。创新不足和整合不力导致传统与新兴市场的双重迷失。从技术创新性应用来说，对于网络视频业务，网络电视的接入速率要求大于1.5Mbit/s，高清晰度电视、3D电视接入速率则要求更高，融合视频业务的开展必须以高容量的宽带建设作为前提。据美国联邦通信委员会公布的数据，在宽带接入方面，2002年底美国宽带用户中CableModem为1130.7万户，占总数的52.7%；DSL为644.44万户，占总数的32.6%；光纤为55.35万户，占总数的7.4%。但到了2004年，宽带接入市场出现了很大的变化，DSL市场份额迅速攀升到42%；2005年，DSL用户增长量首次超过CableModem用户增长量。然而出于宽带会对拨号业务带来大面积影响的恐惧，以及宽带巨额升级费用的担心，融合后的时代华纳与美国在线依然固守CableModem模式，新的宽带战略一再延迟，公司实力最终随着客户的流失而慢慢萎靡，一些新网络公司乘势崛起，将美国在线远远抛在身后。从产品创新上来讲，由于拨号上网带宽、传输等技术上的劣势，美国在线难以消化时代华纳庞大的内容资源，难以通过美国在线的网络服务出售给消费者。合并后的集团公司本想将跨媒体广告业务当作新的经济增长点，计划将杂志、书籍、有线服务、动画等传统媒体业务与网络服务的新经济运营模式很好地结合起来。但实际操作起来，美国在线因为宽带战略的迟滞最终沦为时代华纳各种内容产品的在线推广工具。此外，受困于企业管理学中的“手表定律”,即在同一管理体系中不能同时挑选两种不同的行为准则或者价值观念,否则工作和生活必将陷入混乱。合并后的时代华纳与美国在线在文化上的整合不力更是影响深远。美国在线是一个在短时间内迅速崛起的网络新贵,企业文化注重以用户接入服务为导向,以快速抢占市场为第一目标,特点是操作灵活、决策果断,勇于创新、敢于冒险;而时代华纳是一家历史近百年的传媒老店,在长期的发展过程中有着深厚的传统媒体的文化底蕴,它注重企业信誉度,保守而稳妥,并善于从经验中吸取教训,不断推陈出新,以对顾客的诚信态度进行企业的延伸。原时代华纳高层在新管理层中遭到排挤,两家公司员工之间的对峙都成为企业文化冲突的具象化体现,新的公司价值始终未能统一。这不仅使得公司宽带战略及内容整合被延误,而且最终导致新公司发展的失败。

三、传媒企业合并的意义和启示

综观美国在线和时代华纳的历程,我们并不应该对新技术和互联网以及强强联合产生的效应失去信心。合并重组不意味着必然的失败,关键是要看公司的经营方向和策略。维亚康姆公司的成功并购就是很好的说明:他们选择了自己熟悉的相关领域和业务,确立了明确的发展方向。不久的将来,新的数字技术还会飞速发展,全球网民的数量将迅猛增长,宽带技术将更加普及,新技术和传统的媒体服务将会实现更好的结合,许多传统媒体的消费者可以接受网络提供的更多服务。在传统媒体与现代媒体的关系处理上,应该使互联网成为整个媒体战略的一部分,共同前进。美国在线与时代华纳的合并对未来传媒行业的并购具有借鉴意义。

首先,美国在线和时代华纳的合并,重新界定了媒体产业的未来。合并真正的意义在于思维方式上的重大突破,超出了前人的想象空间,让人有眼前豁然一亮的感觉。分析人士评价到,美国在线创始人兼董事长凯斯表现出了对迅速变化的世界的高度领悟能力,并紧紧抓住了机遇。这位年轻气盛的企业家全然不顾各种预测的风险,他想再度缔造一个网络世界里最庞大、最能创利的公司。他大胆收购时代华纳的计划使他的思想得以体现出来——他想创造出一个超级巨人,能将更多的数字内容呈现给更多的消费者,而且比任何人做得更好。

其次,未来合并中要注重文化整合。企业文化整合是指企业在并购过程中将相异或矛盾的文化特质在相互适应、认同后形成一种和谐、协调的文化体系。传媒企业文化整合应遵从“识别—定位—融合”的路径:一是重视并购双方文化的识别与评估；二是依据双方企业的不同特点、并购类型等因素，确定适宜的文化整合模式；三是注重并购企业文化的融合与管理问题。[①]

最后，其他的传媒集团可能再度发生类似合并，但模式很难完全复制，要努力寻找适合自己的合并模式。

思考题：

1.传媒业资本运营与其他产业相比有何特殊性？

2.美国在线与时代华纳合并有哪些前提条件？

3.美国在线与时代华纳失败的原因有哪些？

参考文献：

1.赵曙光、张志安：《媒介资本市场案例分析——媒介经营管理丛书》，华夏出版社2004年版。

2.赵曙光、耿强：《M-MBA媒介资本市场：应用导向的分析》，湖南人民出版社2003年版。

3.胡正容：《媒介市场与资本运营》，北京广播学院出版社2003年版。

4.董璐：《传媒并购新论》，复旦大学出版社2006年版。

① 参见张立勤：《传媒并购的文化冲突成因及其整合路径——美国在线—时代华纳并购败局的启示》，《中国记者》2010年第5期。

第八章　媒介融合经营与管理

第一节　基本理论概述

20世纪90年代中期以后，由于全球性的经济衰退、广告直邮、互联网以及24小时电视新闻的冲击等原因，传统媒介的发行量持续下降，广告收益也逐年减少，传统媒介面临着前所未有的困境。近百年来，信息处理技术、信息传输技术，以及基于这两项技术的网络技术，给传媒领域带来了日新月异的变化，网络媒体具有传播的非地域性和信息容量超限性的特质，一经出现便激发了人们潜在的集合式需求，加快了传统媒介在实现跨媒介融合中的步伐。与此同时，商业利益很大程度上推动了媒体融合：媒体在市场竞争的环境下产生了沉重的压力，同时受众的需求也刺激着媒体的融合。从国内来看，外来媒体的融合与创新发展，使得中国媒体与世界上的媒介融合实践得以一致同步发展。2019年1月25日，中共中央政治局就全媒体时代和媒体融合发展举行第十二次集体学习。中共中央总书记习近平在主持学习时强调，推动媒体融合发展、建设全媒体成为我们面临的一项紧迫课题。要运用信息革命成果，推动媒体融合向纵深发展，做大做强主流舆论，巩固全党全国人民团结奋斗的共同思想基础，为实现“两个一百年”奋斗目标、实现中华民族伟大复兴的中国梦提供强大精神力量和舆论支持。

一、媒介融合的五种类型

2003年，美国西北大学教授戈登归纳了当时存在的五种“媒介融合”的类型,前三种是从"媒介组织行为"来划分的,后两种则是从从业人员的角度进行划分的。

(1)所有权融合(Ownership convergence)。大型的传媒集团拥有不同类型的媒介,因此能够实施这些媒介之间的内容相互推销和资源共享,如美国佛罗里达坦帕市的媒介综合集团(The Media General Company)、美国俄亥俄州的新闻电信集团(Dispatch Media Group),都是将各自在同一地区所拥有的报纸、广播电台、电视台和网站进行了融合。

(2)策略融合(Tactical convergence)是所有权不同的媒介之间在内容上共享,如分属不同媒介集团的报社与电视台之间进行合作,相互推介内容与共享一些新闻资源。

(3)结构融合(Structural convergence)。这种融合与新闻采集与分配方式有关,如美国《奥兰多哨兵报》决定雇用一个团队做多媒体的新闻产品,使报纸新闻能够加工打包后出售给电视台。在这种合作模式中,报纸的编辑记者可能作为专家到合作方电视台去做节目,对新闻进行深入报道和解释。

(4)信息采集融合(Information-gathering convergence)是指新闻报道层面上一部分新闻从业者需要以多媒体融合的新闻技能完成新闻信息采集。

(5)新闻表达融合(Storytelling or presentation convergence)是指记者和编辑需要综合运用多媒体的、与公众互动的工具与技能完成对新闻事实的表达。

二、媒介融合对传媒生态的利弊分析

(一)媒介融合的正面效应

1.传播者多元化

在互联网高速发展的今天,以个人为中心的新媒体在人们生活中的作用日益凸显,在此背景下新闻传播者也渐渐呈现出一种多元化的趋势,任何人在新闻现场都可以对新闻进行简单的描述并借助网络得以传送,尤其是微博兴起以来,随时随地 140 字就可言简意赅传播信息,表达诉求。传统意义上受众与传播者的角色界限变得越来越模糊。近年来,许多热点事件第一手的消息和报道大都是新闻现场的网民发出,一定程度上弥补了传统媒体在报道新闻时效性方面的不足,表达也更为自主,更为多元。

2.报道形式多样化

在单一媒体时代,新闻报道方式通常是以一种报道方式为基础,所运用的技术手段也相对单一。而在媒介融合时代,新闻报道会突破传统媒体的界限,新闻传播会运用多种媒体技术，整合各种新闻资源，在同一篇报道中综合运用文字、图片、声音、视频等要素进行全方位立体式的传播。例如，2008 年北京奥运会期间，央视除了对节目赛程进行直播和新闻报道外，首次启用央视网新媒体直播奥运会，搭建"网络视频直播平台"，实现迅速、全面、高清的直播、点播、轮播，以及在网络平台上与网友的互动交流。与此同时，中央人民广播电台实现了在其主办的中国广播网上同步直播，实现了广播、门户网站、有线数字电视、手机电视、平面媒体五大终端的融合。

3.报道的高效性

媒介融合背景下，新闻的传播具有高效性，这是因为以媒介融合为背景的新闻传播，要求记者将采集回来的新闻素材放在一个平台上进行整合，后期编辑根据集团内各种媒介的特性进行加工编辑，然后以多种渠道发布，例如可以选择时效性最强的网站发布新闻事件的最新动态消息，报纸深度跟进报道事件的背景及进展，现场感较强的音频、视频在电台电视上播出，微博、微信等移动客户推送消息，同时展开话题邀请网民互动交流，甚至可以将文字、图片、影像和视频交叉组合，开发新的产品。对于传播者来说，新闻报道的发布更加迅速快捷并具有针对性；对于受众来说，也扩大了他们自主选择的权利，他们可以根据自己的喜好，依照最快捷最方便的方式来获取信息，参与互动。

（二）媒介融合的负面效应

1.媒介融合易导致传播内容同质化

媒介融合背景下要求记者成为一专多能的"全媒体记者"，要求记者在采访中运用文字、图片、影像、音频、视频等多种手段，并将采访得到的内容传回总部，在一个平台上进行共享编辑和加工。"全媒体记者"模式和新闻内容的共享机制突出的是共性而淡化个性，强调共享而不是独占。出现同质化的问题也就不足为奇。因为从某种程度上来说，不论记者利用何种传播工具进行采访，一篇稿件发到编辑平台，如果从编辑角度进行加工改造后在各个媒体上发表，主体内容还是一样。此外，还需要进一步对媒介加以区分，如果仅仅是相同媒介的内容同质化，比如说两家报纸的内容同质化，那么市场的优胜劣汰机制和受众的选择最终也会帮助媒介进行选择和淘汰。可如果当我们无论是阅读报纸、打开电视还是浏览网络，发现其中的新闻内容都大同小异，那么报纸便于携带、选择性强、适于深度报道，广电声画结合、视听兼备、现场感强，网络实效性强，多媒体传播互动性强等等，各个媒介的所谓"优势个性"也就不复存在，独家报道和重要核心专稿也就失去了独播的媒介，这样的同质化势必会引起受众的不满和厌烦，影响传播媒介的声誉，反而降低传媒集团的竞争力。

2.媒介融合对新闻专业的人文教育有所弱化

在媒介融合浪潮中，对记者的能力要求越来越高。一名记者要熟练掌握相机、手机、摄像机、电脑等各种多媒体工具，还要学会运用各种声像和音频、视频处理软件制作新闻，为多个媒体提供新闻稿件。在此背景下，部分新闻专业的教育也有过分强调技术作用的趋势，对技术层面的注重超过对人文层面的注重，忽视了新闻的通识教育等。从另一方面来说，媒体作为社会的守望者和监督者，肩负重要的使命，不仅传播信息，更重要的是传播具有人文价值的观念，弘扬真实和正义，对人表示尊重，对优秀文化表示尊重，并在传播中加以传承。只有进行通识教育，使其具有深厚的人文关怀和理念，新闻传播专业的发展步伐才会迈得更稳健。

3.媒介融合易造成大媒介集团的垄断经营

媒体的多元化可以从两个层面进行考察：一是市场上存在众多的媒体机构，二是市场上存在多种多样的意见和表达。从这两方面来说，媒介融合会对多元化带来负面的影响。首先，当不同的媒介都重组合并，发生跨媒介、跨行业、跨地域的融合后，会形成少数几个大的传媒集团。这种通过兼并、融合最终在市场上得以获胜的传媒集团，垄断地位增强，使得原来可以听到多种声音的媒介市场只能听到少数的几种声音。其次，从国际传播现状来看，西方传媒集团规模大，范围广，资本雄厚，国际传播力强，一定程度上控制着国际舆论的走向，媒介融合会进一步强化媒介垄断的情况，甚至导致更大的媒介寡头垄断，会进一步加剧现在国际传播秩序中存在的“西强东弱”的不平衡状况。

三、媒介融合对媒介经营与管理的影响

（一）颠覆传统媒体运行模式，更具开放性和互动性

在传统媒体的运行方式下，传播者掌握信息来源，并将信息强制传播给受众，属于一种单向的现行传播。传播者更多地占据主动位置，而受众只能被动接收信息，其运行模式主要是展现传播内容。互联网的发展打破了传统媒体垄断话语权的方式，取消了传播者与受众之间的界限，网络的特性决定了新媒体的运行模式，从而使新媒体的运行模式展现出开放性和互动性。高度发达的互联网技术，完善的网络设备，各个区间的高度融合，受众能够通过网络渠道获取更多信息资源，不再仅仅是被动的接受者，同时也是信息资源的提供者、传播者和管理者。在新媒体的环境下，传统媒体应考虑自身运营方式的缺陷不断变

革，以适应媒介融合对传统媒体的运营方式造成的变化。

（二）媒介盈利模式呈现多元化的特点

在媒介融合过程中，技术与内容的不断融合使传统的线性盈利模式发生了转变，形成灵活多样的盈利模式，突出表现在网络化的盈利模式中，创造出更多的价值联结点，比如媒介融合中的会员注册费、网络游戏运营、在线广告、虚拟道具产品等等，这些都是新价值联结点管理的结果。盈利模式的改变能够实现价值增值和价值链转换，从而打破渠道壁垒带来的数字经济，形成一种更大范围的经济来源。

四、媒介融合背景下媒介经营与管理创新路径

在媒介融合的背景下，从媒体运营管理入手进行研究，其可以采取的创新的手段主要包含以下几个方面：

（一）设置全新的资源整合方案

在媒介融合的环境下，新闻行业在管理上进行了改革，不仅管理方法有了多元化的发展，而且在资源整合方面也有了突破性的进展。从传统方式转化为以科技为中心，将新闻信息进行整体规划，全方位布局，将媒介融合到整个新闻报道之后的过程中来，对新闻生产进行运营管理。

（二）提出全新的运营管理标准

快速发展的媒介融合时代必将带来信息管理制度的重大改革。新闻信息的时效性以及信息质量都需要用新的运营管理标准来进行合理的规划和要求。在资源运营管理过程中，可以从新闻信息的特点着手，在信息划分标准和客户体验数据等方面进行新闻信息管理标准的设定和管理规则的完善。在这些标准和规则的基础上将有效地开展信息资源的整合工作和运营活动。

（三）实施集成运营方式

在媒介融合的环境下，采用集成运营方式将会有利于新闻工作者与同行之间的资源沟通。同时，在采集信息和整理信息过程中，可以同时进行新闻的再次开发和深度挖掘工作。在网络高速发展的背景下，信息运营需要经过多次筛选，只有采用科学的运营手段，才能引导新闻行业从传统的运营手段转化为多元化的运营管理方式。按需进行分门别类的运营管理，才会更高效地为新闻行业创造更多有价值的效益。

（四）开展服务管理

以往媒体运营管理过程中，采用的手段以控制为主。而与之不同的是，新

的信息运营模式是以服务为主。这种服务型的运营管理模式不仅能够加快信息开发运营工作的步伐,同时还为新闻运营部门与外部运营部门之间的交流架起合作的桥梁。现如今,新媒介技术的出现,有效地加速了新闻媒体的发展步伐。同时,它也为新闻运营管理方面的改革提供了新的条件和思路;在服务运营管理方面,新媒介技术的融入为高质量的新闻运营管理提供了环境,从而加快了媒介融合的发展步伐。

第二节　典型案例分析

案例一:主流媒体《人民日报》转型

传统媒体转型已是大势所趋。近年来,大数据、云计算、移动互联网等新兴技术迅速发展,为传统媒体的转变提供了技术支持。随着社会发展水平和人民精神物质生活水平的提高,受众对于信息的可视化、便携性、多样性、交互性等需求也促进了传统媒体的转型。传统媒体要想突出重围、转型升级,必须按照媒介融合发展趋势寻求从理念到技术的全面革新,紧跟传播理念和技术发展的步伐,创造出媒体的新生命力,作为传统党政报刊的《人民日报》也不例外。

一、《人民日报》媒介融合策略分析

(一)报网融合,内容海量,传播广泛

1997年1月1日,《人民日报》开办人民网,并上线报纸电子版,正式开启了党报媒体进军互联网的征程。《人民日报》依托强大的资源,逐步提升人民网的影响力,使人民网的覆盖内容更加广泛。人民网融合多方面板块信息,用户可以随时浏览到各方面的信息,专栏内包括不同语言,提供了包括《人民日报》在内的十几种报纸,实现了报纸资源的便捷共享,方便受众阅读《人民日报》系的文章。人民网作为重要的信息数据库,还可以向受众提供《人民日报》的图文数据、社论和言论,以及涉及历次党代会、“两会”访谈录等内容的全方位资料,信息丰富全面及时,满足受众多样的信息需求。

(二)社交融合,用户体验,信息互动

当下,人们越来越离不开社交软件,微信、微博已经成为人们日常联系的重要工具。《人民日报》微信公众号包括三个专栏——“两会”“小程序”“夜读”,

“夜读”专栏同样包括语音内容，拓宽了文字图片以外的听报功能。公共号的内容推送与人们日常生活紧密相连，内容贴近实际，语言亲切，微信公众号还提供一些关于养生技巧、生活小窍门的内容，贴近受众阅读心理，有助于《人民日报》微信公众号的转发。截至2018年初，《人民日报》微博平台目前的粉丝量超过5600万，《人民日报》的法人微博及时锁定时下热点，同时开放话题＃博鳌亚洲论坛＃大咖有话＃等与网民及时双向互动。《人民日报》法人微博以“参与、沟通、记录时代”为使命，内容设置以传播《人民日报》观点及信息为主，兼顾国内外重大事件，适时组织微访谈、微直播、微话题，关注时事热点。《人民日报》法人微博的每日阅读量高达100万＋，每日互动数至60万＋，专辑视频《开放的大门不会关上》更清晰地传递党政信息和人民的声音。

（三）终端融合，移动便捷，内容丰富

《人民日报》的手机客户端，开辟了“闻热点”“评锐度”“问问政”“听播报”等13个界面，每个界面紧跟时事热点，增强了与受众的互动，满足受众第一时间了解新闻热点的要求。《人民日报》客户端结合时下热点，开设直播平台，在客户端内用户可以追踪两会热点，摆脱了时间和空间的束缚。2018年博鳌亚洲论坛会议期间，《人民日报》的直播技术运用，让受众随时随地可以观看到直播，方便了受众的移动化阅读。受众可以通过点击手机屏幕，轻松阅读到专门板块的最新信息，满足了受众个性化、多样化的新闻阅读需求。

（四）创建全媒体平台“中央厨房”

2016年2月19日，《人民日报》全媒体平台正式上线，在这个基础上，探索新闻＋服务的模式。“中央厨房”是传统媒体围绕新闻生产的采、编、发环节所进行的流程再造，通过建立“中央厨房”式的发布平台，可实现“一次采集，多种生成，多元传播”，以内容的生产传播为主线，打造了媒体融合发展的业务平台、技术平台和空间平台。当一条新闻线索以信息流的形式进入“中央厨房”后，负责图片文字交互产品的记者需要对新闻要素进行再加工，最终生成新闻产品。

二、《人民日报》媒介融合特点

（一）以先进技术为支撑，多个新媒体平台共同发展

1.技术融合

在媒介融合的大环境下，传统媒体单一的新闻生产方式已经跟不上市场的发展和受众的需求。新媒体的发展在很大程度上都依托于前沿的科学技术，从最早的网页建设到新媒体终端开发，从早期的订阅手机报到近年来的大数据、云计算、数据可视化等,新技术带来了新闻传播的数字化、移动化、智能化,改变了新闻的制作方式,也改变了读者的阅读习惯。《人民日报》整合了线下、线上多平台的媒介资源,使用文字、图片、动画、声音、视频、H5、VR(虚拟现实技术)等多样化的媒介符号,通过直播、VR、AI(人工智能)、无人机等较为先进的技术来提高新闻报道的画面质量,增强受众的参与感、现场感、互动感,满足受众的多样化需求。

2.渠道融合

《人民日报》在媒介融合过程中,逐步形成了新媒体优先发布、报纸深度挖掘、全媒体覆盖的工作模式。《人民日报》融合了丰富的信息资源聚合平台,发掘了多样化的新闻采集渠道,吸引了众多有着过硬业务能力的编辑和新媒体人,竞争力大大增强。

(二)适应互联网时代特征,开拓多样化传播内容与传播方式

1.内容和语言特点

《人民日报》"两微一端"等新媒体平台发布的内容有着较为明显的互联网语言特点,风格不再像传统党媒那样严肃,在新闻发布中以更贴近大众的姿态来对话,会对时下热点和网民讨论的热门话题进行推送,内容也不限于文本、图片,还包括视频、直播、发布话题、H5、小程序等,这种方式比单一的读图读文字的方式更具优势。

2.传播特点

一是互动性。媒介融合的推进使传统纸媒与读者的互动更为方便快捷。人民网和"两微一端"上的在线评论、网友互动都可以通过信息聚合平台传递到《人民日报》,完成不同媒介上读者互动的共享与融合。

二是即时性。随着移动互联网技术和通信技术的迅猛发展,信息的传播逐步突破了时间与空间的限制,摆脱了传统纸媒审核、印刷、投递等步骤的滞后性,能第一时间向大众发布世界各地的新闻信息。

三是个性化。《人民日报》将大数据、云计算等先进技术应用于客户端,能够较为准确地根据用户对不同题材、主题内容的点击率和停留时间等进行兴趣、偏好分析,在首页向用户推送其可能感兴趣的新闻,为用户定制个性化首页。

四是传播速度快且有效期短。2017 年 8 月,为纪念中国人民解放军建军 90 周年,《人民日报》使用人脸识别、融合成像等技术制作的互动 H5《快看呐!这是我的军装照》在《人民日报》客户端发布。该 H5 一经发布,不同年龄、区域、行业的网友便踊跃参与互动，并在各社交平台分享自己的“军装照”，在网络上形成了刷屏效应，实现了裂变式传播，取得了广泛传播和海量好评的双重效果。与此同时，因为互联网中的信息具有海量性、即时性，涌现到受众眼前的信息数量极大、更新极快，所以，一个热点话题的传播有效期很短。

(三)媒介融合新趋势下的盈利模式由单一转变为多元化

在传统的媒介行业中，媒介产业和组织的盈利模式都相对单一，主要是通过内容信息的盈利和广告盈利，其中广告盈利占据了更大的比例。而媒介经营和管理模式的转变，以及媒介融合的出现，使得传统媒介的盈利模式变成了多元化盈利模式，利用跨平台、跨媒介等方式，整合出更加丰富的媒介盈利内容和方向。

《人民日报》在媒介融合和媒体变革的影响下，推出了《人民日报》客户端(App)，并在客户端上进行了许多不同模块的设置，比如“闻、评、问、听、帮、视、图”等板块。客户端模块分类，能够有效实现用户年龄、需求等类型的精准分类，在实现用户分流之后，媒介产业就可以利用大数据分析，按照用户的信息获取习惯和兴趣，有针对性地进行广告投放，提高广告投放的质量，利用专业化内容和个性化服务，更好地满足用户需求，并获取更高的经济效益。

(四)传统媒介经营与管理模式的改变

媒介融合使媒介产生了多平台运营趋势。《人民日报》在传统纸媒基础上，以电子版方式在网络客户端进行信息发布和传播，丰富了媒介的发布平台，满足了时代要求和用户需求。《人民日报》除了进行客户端(App)运营之外，还开设了官方网站、微博账号以及微信公众号等，实现多平台的信息同步更新。对客户端和官方网站的信息，进行了模块化分类，精确了信息的划分，实现了信息的针对性和精确性，可以吸引不同年龄段、不同喜好以及不同需求的受众群体，并且对受众群体的搜索倾向和浏览偏好，进行全面、详细的统计和分析，实时进行有针对性的信息资讯推送，不仅有效地提高了媒介运营和管理的质量，还保证了对受众的服务质量。各种互动版面和平台，让受众群体能够更好地参与到信息的传播和生产中，更加重视与用户的互动体验，让受众群体能够自由地选择、转发和评论，在保证信息资讯的时效性和准确性的基础上，提高了信息的深度挖掘能力。

三、移动互联网时代传统纸媒转型升级的启示

媒介融合是一把“双刃剑”。随着互联网技术、数字技术和移动技术的快速

发展，网络、微信、手机App、微博等各种新兴媒体层出不穷，在给党报发展带来空前冲击的同时，也为党报的变革提供转型机遇。党报应顺势而动，积极推进自身融入新媒体的发展大潮之中。

（一）以先进技术为支撑，实现“渠道融合”

在媒介融合的趋势下，先进的科学技术推动新媒体的发展，党报融合新媒体，通过直播、VR技术、无人机航拍、流媒体技术来实现新闻报道的画面质量。媒介融合趋势下，传统媒体单一的新闻生产方式已不再适应市场发展和受众需求。对此，党报应迎合媒介融合发展的大趋势，主动渗透新媒体，整合手机、报纸、网络等媒介资源，整合声音、文字、视频等媒介元素，利用最新技术推动报业融合发展，利用微博、客户端和“中央厨房”等提高新闻传播率，满足受众的多样化需求。

（二）以“内容为王”注重新闻产品的质量

新闻内容始终是竞争的核心，内容生产对党报转型是起承转合的关键。因此新闻生产要依托先进的科学技术，丰富自身的新闻内容，注重新闻产品的深度性和可读性。一方面需要加强对新闻的深度报道，另一方面需要注重民生新闻。新闻深度报道是一种多视角、深层次、全方位的报道形式。深度报道能够全面而深入地反映社会热点事件，并对事件的前因后果作出剖析和解释，以便于受众了解到新闻事件背后的深层意义。民生新闻更是关乎每个人的切身利益，反映出人民大众的意愿。党报作为党、政府和人民的“耳目”“喉舌”，需要立足于人民的利益，聆听老百姓的声音，通过调查暗访还原事实真相，引导社会舆论。

（三）加强全媒体人才队伍建设

媒介市场的发展，受众需求的改变，对新闻产品提出了更快捷、多样化、个性化的新要求。为满足受众要求，党报应主动适应传播变革的大环境，适时进行转型升级，重构新闻产品与受众的关系。这就要求党报工作者具有丰富的媒介融合知识、操作熟练的媒介技能、较高的多媒体素质。

案例二：媒介融合背景下中央人民广播电台生产与运营模式探析

新媒体技术的发展，给报纸、电视等媒体带来巨大的冲击。广播因其自身独特的先天属性及传播方式，不仅没有像其他几大传统媒介那样面临日益艰难的局面，反而出现了上升趋势。但由于不断变化的信息技术环境、社会现状以及受众的媒介习惯，广播的全媒体转型也迫在眉睫，尤其是与新媒体的融合。中央人民广播电台在国家政策的支持下，改变了以往的事业性机构的设置，采取企业化的经营方式，整合了优势资源，拓展了产业联合，开发了多种媒介渠道，进入了全媒体化的转型发展时期。几年的探索实践，取得了良好的成效。

一、中央人民广播电台全媒体化运营模式

（一）创新内容生产

1.注重内容价值

在媒介融合背景下，广播媒体因吸纳新媒体优势与网络技术，发展形式日臻多元化，节目形式和内容都出现了创新。中央人民广播电台作为国家级电台，具有政治、经济、文化三重属性。就电台节目的内容制作来说，中央人民广播电台具有先天的独特优势，能充分利用中央人民广播电台综合新闻报道资源，优先采编权，集中资源优势，生产出其他广播媒体难以企及的优质内容。如中央人民广播电台坚持“三贴近”原则，自 2005 年 4 月中旬开始，历时一个多月的时间，自主策划了特别报道《中国 2005——再量第一峰》，随行记者以日记体的形式进行广播，获得了听众的广泛喜爱。《长安一路通》是中央人民广播电台《都市之声》的早间节目，为新闻话题的形式，采用权威媒体《北京晚报》《法制晚报》《北京青年报》等的新闻内容，同时邀请嘉宾对新闻进行深度剖析，从新闻源与新闻内容深度上均保证了广播节目内容的高质量。

除新闻类节目外，服务类节目、综艺类节目和广播剧也是年度热播节目榜单上常见的节目。2012 年，“中国之声”的专题服务类节目《口技》，以听觉冲击力强的口技模仿已灭绝的动物声音，警示人们保护动物，珍惜生态环境，获得 12 届伊朗国际广播公益广告类一等奖。“音乐之声”的专题服务类栏目《强壮英语》集合音乐、时尚、实事趣闻，是一档中英双语脱口秀栏目，拓展了类型化音乐广播市场，获得了 2014 年度中央人民广播电台创新栏目奖。《海阳现场秀》作为中央人民广播电台“文艺之声”的一档综艺益智类栏目，以脱口秀的形式讲述笑话、故事，并辅以新闻评论，内容贴近生活。广播剧则多取材于生活，如 2012 年广播剧《老师》，改编自电影《夏天的拉花》，讲述山村支教老师的爱的故事；2014 年广播剧《牵手》，系两岸合作的闽南话广播剧，反映了闽南真实的民众生活，获得了年度电台优秀节目。

中央人民广播电台充分发挥其新闻采编优势，在大型活动中，如全国“两会”报道、载人航天航空项目等的报道中也充分展现其专业性。而在非新闻类

的内容制作中，也注重内容的趣味性、教育性，积极拓展类型化电台内容，同时从生活中汲取鲜活素材，贴近生活，贴近受众。

2.多媒体融合

1998年，注册开通的中国广播网和2005年开通的银河网络电台是多媒体融合的两大重要尝试。中国广播网网站和银河网络电台综合利用了中央人民广播电台的品牌知名度和互联网产品的传播优势，在促进平台、组织机构的融合及推动内容融合上做出了积极贡献。表8-1、表8-2分别列举了两个机构在多媒体融合方面的重要举措。

表8-1　中国广播网多媒体融合重要举措

年份	举措
2003年	整合全国311家地方电台新闻网络资源
2004年	与全球十四个国家和地区的华语广播电台建立全球华语广播电台协作网
2007年	针对中央人民广播电台“中华之声”的《万水千山走透透》栏目推出《行色》电子杂志
2011年	与CCTV《新闻1＋1》、安徽卫视《超级新闻场》、江西卫视《晨光新世界》等多家媒体高影响力的栏目建立合作关系，汇集多方资源，拓展传播内容和平台；与新疆联通公司合作手机报《央广新闻》
2013年	打通多媒体合作渠道，联合移动手机客户端、微博、商业门户网站、搜索引擎等平台，进行内容采集与推广
2015年	手机客户端“中国广播”上线

表8-2　银河网络电台多媒体融合重要举措

年份	举措
2005年	支持互联网和手机访问
2006年	启动高校广播节目联盟；发行电子杂志；与FAB精彩无限音像店合作《银河星秀坊》节目
2007年	向多家网络媒体（人民娱乐、新华音乐、新浪博客、腾讯新闻）发出邀请，交换链接，实现内容交换，传播整合
2009年	重点新闻节目继续跨媒体融合，与搜狐、腾讯、网易、QQ音乐合作
2013年	银河电台与旗下直播、点播业务整合，推出中国广播集成平台业务“中国广播 airdo.cn”

在推动平台、组织机构的融合上，中国广播网积极与内部广播电台融合，与中央人民广播电台多个广播栏目合作，在网站上分享资源，甚至与栏目合作出版电子杂志。在外部，中国广播网推动其他广播电台、电视栏目与本台广播合作，并针对移动市场，与通信公司合作推出音频手机报服务。银河网络电台虽然起步稍晚于中国广播网，但也借助其移动广播的特点，积极寻求跨媒体合作。

在内容融合上，中国广播网与全国311家地方电台合作，并发起建立全球华语广播电台协作网，与全球多家华语广播电台进行资源共享、资源互换，一方面整合当地优秀内容资源，另一方面也通过其他广播电台媒体实现中央人民广播电台的内容输出，扩大了传播影响力。银河网络电台通过组建全国高校广播联盟，实现银河网络广播内容和高校广播内容的深度融合，2012年全国高校广播联盟已覆盖全国200多所高校。

除了中央人民广播电台旗下的官方网站、官网网络电台外，中央人民广播电台自身也在栏目的制作和设计上做出了多媒体融合的重要举措。2006年，"经济之声"栏目与全国十多家省级电台联合制作《今日长征路》节目。中央人民广播电台目前拥有全国性的网络广播电视牌照、互联网电视和手机电视集成播控平台拍照、IPTV牌照，通过优势的牌照资源，充分发挥现有资源的最大优势，调度信息网络和优质内容进行生产和播出。

2015年全国"两会"报道中，中央人民广播电台在发挥其音频优势的基础上综合运用文字、视频的形式，联动台网视频、网络广播、微博、微信、新闻客户端等多种载体，联合央广网、中国民族广播网综合报道"两会"新闻。通过整合多方资源，丰富了受众接收信息的渠道，提高了受众接触面积与频次。

3."下文"聊天机器人的新闻创新

2017年6月28日，中央人民广播电台"中国之声"与央广传媒总公司联合孵化、央广首个内部创业模式打造的新闻客户端"下文"正式上线，开启了全新的交互新闻模式，即基于新闻机器人的"聊天新闻"。新闻对话机器人是指通过与用户进行双向互动，以对话形式呈现新闻资讯的准人工智能程序系统。

"下文"的社交分发功能主要包含三部分：主页面"下文"的对话式新闻、"闪聊"社区（虚拟聊天室）、社交媒体分享新闻。主页面的对话式新闻板块中"下文"虚拟机器人扮演了一个朋友的角色，以聊天的方式，向用户发送新闻。用户可以选择深入了解每条新闻动态，也可以选择阅读下一条新闻。在主页面对话板块，"下文"会使用表情包和动图卖萌。在"闪聊"社区，读者可以根据个人喜好，在每条新闻发送结束后，加入相关的闪聊社区。用户一旦加入"闪聊"社区，相关的社区便会定在界面右上角收藏夹里，便于读者离开之后重新进入社区。社交媒体分享，读者可以将喜爱的新闻分享至微信好友、QQ 好友和朋友圈，使读者在交往中生成新闻。“下文”打破了大众传播的单向传播模式，以互动和交往的形式生成新闻，原本清晰区隔的生产、流通和消费的各个环节可以同时展开，使得生产、流通和消费交织融合、难以区分。“下文”聊天机器人新闻创新实践探索是成功的，其经验值得其他媒体转型时借鉴。

（二）提高市场反应力

1.节目与内容定位能力的增强

一流的人才及设备、节目的数字化、先进的技术手段为中央人民广播电台生产精品节目打下了基础。例如“中国之声”，积极参与重大事件的报道，在之前召开的党的十九大中，利用其掌握的国家资源，派栏目记者积极参与报道，优先发布党的十九大的重要决策，掌握话语权。除此之外，中央人民广播电台还利用微博自媒体、微信公众号等与受众互动，积极收取用户反馈，多方扩展自己的节目内容来源，增强其媒介节目的生产能力。

除此之外，中央人民广播电台的节目在节目定位、内容设置等环节，注重征求受众意见。从节目内容采集、话题预热到节目的播出，都充分考虑到节目与内容定位是否贴合受众需求。从众多的竞争者中脱颖而出需要电台节目充分了解目标受众群体的喜好及收听需求，并选取具有议论性、话题性的节目议题，提升节目对受众需求市场的反应灵敏度。如“都市之声”的《长安一路通》节目，继 2015 年改版后，注重节目内容的趣味性与实用性，采取“资讯＋互动话题”的形式，积极选取当前热点话题进行实时互动，在“热点”讨论中极大地增强了节目的可听性。

2.用户体验及用户黏性的增强

在全媒体的大环境下，生活节奏越来越快，用户倾向于选择自己喜欢的移动应用设备，根据自己的喜好收听节目。用户习惯发生变化，更习惯于随时随地获取信息，这就需要广播电台迎合新媒体环境下受众的收听需求，进行碎片化的信息推送。中央人民广播电台的“中国之声”在党的十九大召开之时，每隔 1 个小时会在其微博账号上推送 1～3 条微博短新闻，介绍有关党的十九大的最新进展状况。持续关注同一事件，碎片化的报道方式也有利于在其他移动终端上多次投放和利用信息。“中国之声”上有关党的十九大报道也会在其微信公众号上推送，音频加文字的方式以及多种媒介的传播，迎合了当下年轻人的跨媒介使用习惯，吸引了更多年轻的用户，同时也增强了用户的体验感以及用户黏性。

传播活动中，广播节目生产者需要保持触觉敏锐，保证节目主持人与受众的高品质互动。广播媒介支持受众以手机短信、热线电话、微博、论坛等多种渠道实时参与表达，用户参与的多样化渠道为节目的及时反应提供了条件，比报纸、电视更具优势。

中国广播电视年鉴编辑部出版的《中国广播电视年鉴》中，受众研究部每年都会刊载电台听众的来信综述及对听众的调研报告，2000 年开始收到的听众反馈（合计电子邮件、传真、短信、来信、来稿等形式）超过 1000 万件。2002 年，中央人民广播电台针对听众意见"中央电台一、二、四套每天 13:30 之后都在播放评书、小说，在同一时间里播出听众爱听的节目，让听众无法选择""10 月 28 日起'华夏之声'改版，听不到喜欢的《体育天地》了，要求重播"等，对节目的播出时间、重制重播都进行了调整。2010 年，为探索与受众互动的更多、更广泛的渠道，举办了"幸福航空——中央人民广播电台号"的首航、首届"夏青杯"朗诵大赛总决赛、八场"广播嘉年华"主题晚会等全台统一的品牌推广活动。各频率也结合自身特色，举办互动活动，如"都市之声"与腾讯合作"Top FM 专属 QQ"，与当下热门的网络通信工具合作，推出专属 QQ 定制活动。2011 年开始，继续拓展受众反馈渠道，开通新闻热线、服务热线，接受听众的新闻线索及投稿，使得受众与中央人民广播电台的联系更密切。同时，开办官方微博，并通过微博发展专业听评员，直接采纳听众对节目的意见，并举办听众座谈会积极收取听众反馈。

媒介融合背景下，广播媒体的发展不再是以往单一的"内容式贩售"，节目之外的互动实际上属于"服务式贩售"。节目播出后积极寻求受众意见与反馈类似于"售后服务"，运用产品思维进行节目营销，能够帮助广播媒体在节目制造的各个环节与受众创建联系，并且随着广播节目流程的不断重复演进，使节目给予受众的反馈空间逐渐变大，有过互动历史的受众的卷入度将会不断累加，用户黏性得以增强。

（三）维护关系营销

1.建立图层文化

作为我国唯一的覆盖全国的广播媒体，中央人民广播电台内容囊括新闻、娱乐、财经、音乐等多种类目，同时针对不同地区的方言体系，设置了如普通话、粤语、闽南语等的九种语言进行广播，覆盖群体包括少数民族、港澳同胞、农民群体、司机群体等。中央人民广播电台依照地域、方言、文化习俗、生活习惯、作息、年龄等因素将受众群体划分到不同的圈层，并依据该圈层的核心特点，建立并获取该图层的文化属性。

最常见的划分为基于兴趣爱好的划分，根据受众的兴趣点分列出新闻类、财经类、文娱类。中央人民广播电台基于兴趣爱好将广播频率划分为“经济之声”“音乐之声”“文艺之声”等。如“经济之声”作为财经类广播，其频道宗旨就是“立足经济关注民生”，“音乐之声”的频道口号就是“我要我的音乐”，“文艺之声”的频道口号是“生活里的文艺，文艺里的生活”。每个电台都有其独特的定位，吸引具有一致诉求的用户进行链接。

最能体现圈层文化的一个例子是中央人民广播电台银河网络电台节目与高校合作，直接在校园中扎根落地。电台节目聚焦高校学生群体，营造校园氛围，通过线上广播播报、线下活动如“温暖 5·12”大型公益活动、“校园人气新人”等贴近了校园听众的实际生活，也丰富和发展了校园文化。

中央人民广播电台基于不同受众的需求，设置多种广播频率来集合有共同需求的受众。通过对广播频率的细分，聚合了受众，建立起独特的圈层文化。如基于兴趣爱好划分的音乐之声，将电台广播受众中爱听音乐的人吸引到一起，更有利于专业化内容的生产与传播。当圈层建立稳固时，受众会增加对既有圈层文化的投入，如时间成本、金钱成本等，最终转化为对广播电台节目的认同。值得注意的是，由于受众的移动性以及兴趣爱好有重叠的可能，不同文化圈层并不是封闭的、并立的，而是交叉的，甚至是可以重叠的。

2.意见领袖号召

广播电台节目主持人与受众的联系具有人际传播的属性特点。节目主持人是电台节目中的关键节点，他们将再加工、整合过的信息传递给受众，并在传播过程中植入自己的(或设定好的)观点。电台节目主持人的个人影响力越大，吸引的受众、粉丝数量越多，传播信息的速度越快，传播影响力也越大。通过在新浪微博检索“中央人民广播电台主持人”，检索到超过 340 个结果，其中加 V 用户超过 169 个。青音(“中国之声”节目主持人)、春天姐姐(“中国之声”节目主持人)等粉丝数量均破百万。

主持人海阳以轻松搞笑的语言风格，主创了脱口秀节目《海阳现场秀》，通过评述热点、讲述笑话、模仿小沈阳等吸引了不少粉丝。线下，海阳通过出版个人书籍、组织粉丝参加旅行团互动等，加强了与粉丝之间的联系。作为中央人民广播电台的另一个“子品牌”，海阳以个人的语言魅力紧密联系受众，增加了受众对中央人民广播电台这个“大品牌”的黏性。

作为广播电台节目的核心，电台主持人凭借优秀的专业能力持续吸引受众，通过节目内容的持续生产获取新粉丝、维系旧粉丝，不断巩固与粉丝受众之间的关系。可以说，具有明星效应的电台节目主持人与广播电台之间是互相促进的，主持人借助广播电台不断发声，维系与受众之间的联系；而广播电台借助明星主持人的影响力扩大广播节目在受众中的传播影响力，最终形成粉丝受众与广播品牌的链接。

我国的传播媒介纷纷进行全媒体改革，并实现了一定的突破。中央人民广播电台创新媒介经营和发展模式，实现了新时期的新发展。从 2008 年宣布进行全媒体改革以来，中央人民广播电台经历了 10 年的全媒体化道路，初步建立起全媒体的业务链，但是并未建立立体化的传播格局以及完整的生产产业链。中央人民广播电台在改革时，享受着国家电台身份带来的天然资源优势，同时也受到了特殊使命的制约，其改革还有很长的路要走。

思考题：

1.媒介融合对传媒生态带来的困境应如何规避？

2.电视媒体在媒介融合背景下该如何转型？

参考文献：

1.潘可武：《媒介经营管理：创新与融合》，中国传媒大学出版社 2015 年版。

2.马胜荣、唐润华：《新闻媒介的融合与管理：一种业界视角》，重庆大学出版社 2010 年版。

3.胡正荣：《外国媒介集团研究》，北京广播学院出版社 2003 年版。

后　记

作为新闻传播学院本科生和研究生的必修课程,“媒介经营管理”自2005年在山东大学正式开设以来,已经陪伴学生与教师们走过16个年头。课程开设之初,相关教材寥若晨星,国内开设相似课程的高校也屈指可数。但是,随着我国传媒业市场化的纵深发展,传媒在新闻传播和相关产业经营管理领域的竞争日趋激烈,业界对经营管理人才的需求也日益突出,加强媒介经营管理教育,建设一支政治强、业务精、善经营、会管理的高素质人才队伍,成为高校新闻传播教育的重中之重。也正因为如此,一直以来,我们时刻关注着传媒业的变化,准备组织一部体系合理、内容丰富,同时又能充分体现时代特色的媒介经营管理教材,但也由于执着地追求新变化、新发展,书稿在翻来覆去的修改中迟迟不得出版。

适逢学院组织编写“马克思主义新闻观实践案例集系列丛书”,借助这本案例集,我们阶段性地梳理了这些年在教学过程中的一些案例设计和内容安排,深入浅出地展示了相关理论。除了运用经济学、管理学、营销学、传播学的相关理论,还特别着重地将马克思主义新闻观的立场、观点、方法融入案例当中,采用清新洗练的表达方式,拓展多种阅读渠道,以满足媒介融合时代背景下高等新闻传播教育和新闻实践的需求。希望本书可以成为新闻传播院系教学及新闻从业人员培训辅助教材,与理论教学互为补充,对传媒业的发展起到一定的指导和参考作用。

本书由山东大学新闻传播学院的王德胜、刘佳、吴迪三位老师共同完成,是集体智慧的结晶,是团队协作的成果。同时,学界、业界的一些专家学者还有山东大学新闻传播学院的硕士研究生钮迎莹、朱可可、郝小双、高琪、葛菲菲、施雨彤、张美乐、卞亚敏、张俊语都参加了本书的撰写和修改工作,可以说没有大家的共同努力,本书写作难以完成。另外,我们借鉴、引用了部分其他研究者的研究成果和案例,并尽可能地作出了详细的注释,在此谨向他们表示感谢!未尽之处敬请海涵。

本书也是以下课题的阶段性成果:2021 年度山东大学教育教学改革研究项目“传媒:经济运作与市场规律研究 ”;2020 年山东大学研究生教育教学改革研究项目“媒介融合背景下新闻传播‘双师型’实践教学研究”;2017 年部校共建研究课题“自媒体时代国学微传播研究”(编号 17—BXGJ—YB—05)。

媒介经营管理研究是一个与时俱进、创新发展的体系。我们将根据新闻实践的最新发展和高校新闻传播教学的实际需要,及时更新典型案例,丰富充实现有内容,不断完善理论架构,逐步形成一套高质量教材。囿于学识和时间,书中难免有疏漏之处,如有参考未备、论断不当、材料失误以及其他不妥之处,恳请有关专家和读者批评指正。

编者

2021 年 3 月